2022年华北电力大学中央高校基本科研业务费专
2022MS023）

经管文库·经济类
前沿·学术·经典

市场稳定机制对股票市场交易的影响暨磁吸效应研究

THE EFFECT OF MARKET STABILITY
MECHANISMS ON TRADING AND MAGNET
EFFECT IN STOCK MARKET

董馨月 著

经济管理出版社

图书在版编目（CIP）数据

市场稳定机制对股票市场交易的影响暨磁吸效应研究/董馨月著.—北京：经济管理出版社，2023.9
ISBN 978-7-5096-9330-8

Ⅰ.①市… Ⅱ.①董… Ⅲ.①股票交易—研究—中国 Ⅳ.①F832.51

中国国家版本馆 CIP 数据核字（2023）第 188539 号

组稿编辑：赵天宇
责任编辑：赵天宇
责任印制：许　艳
责任校对：张晓燕

出版发行：经济管理出版社
　　　　　（北京市海淀区北蜂窝 8 号中雅大厦 A 座 11 层　100038）
网　　址：www.E-mp.com.cn
电　　话：（010）51915602
印　　刷：唐山玺诚印务有限公司
经　　销：新华书店
开　　本：720mm×1000mm/16
印　　张：10.25
字　　数：155 千字
版　　次：2023 年 9 月第 1 版　2023 年 9 月第 1 次印刷
书　　号：ISBN 978-7-5096-9330-8
定　　价：88.00 元

·版权所有　翻印必究·
凡购本社图书，如有印装错误，由本社发行部负责调换。
联系地址：北京市海淀区北蜂窝 8 号中雅大厦 11 层
电话：（010）68022974　邮编：100038

前　言

本书基于复杂系统思想，通过多主体模拟和实证研究相结合的方法，重点研究以涨跌幅限制和熔断机制为代表的市场稳定机制对股票市场交易的影响。通过对2020年3月世界股票市场和中国股票市场发展早期的实证分析，为市场稳定机制影响的研究提供了较新的实证案例。通过多主体模拟方法构建人工股票市场，旨在重现涨跌停板和熔断事件，探索在市场稳定机制下交易者行为趋同性、磁吸效应等发生的原因，以及涨跌停板和熔断下的市场表现，并为这些现象提供一个合理的解释。

首先，本书对世界股市崩盘大背景下各国股票市场进行实证分析。在磁吸效应方面，本书对2020年3月七个国家股票市场的熔断和涨跌停板事件，利用时间距离的二次函数对熔断和涨跌停板前的交易活动进行建模。研究结果发现大多数市场在熔断和涨跌停板前一段时间内股票价格都具有磁吸效应。在具有磁吸效应的样本中，研究发现在触板前绝大多数股票的收益率指标和交易者行为一致性指标呈现出显著增加的趋势。在熔断与市场行情方面，以美国S&P 500指数及其成份股在2020年3月的高频交易数据作为研究对象，研究结果发现市场的波动性、流动性和交易者行为趋同性指标在熔断日明显高于熔断前和熔断后，而市场中股票间收益率的相关性在熔断日相对熔断前和熔断后比较低。

其次，在实证研究的基础上，本书构建了一个具有涨跌幅限制的单资产股票市场多主体模型,该模型能够重现尖峰厚尾、波动聚集等金融市场典型事实。通过调节涨跌幅限制,该模型能够重现个股涨跌停板事件以及磁吸效应。在触板事件发生方面,研究发现涨跌幅限制的大小和交易者比例的变化会影响触板事件的发生。对于基本值交易者占优的市场,市场中触板事件发生率较低,并且更多地会发生长时缓慢触板事件。对于趋势交易者占优的市场,市场中触板事件发生率较高,并且更多地会发生短时快速触板事件。这对于市场监管者和市场交易者来说,充分了解市场环境是制定监管政策和调整交易策略的关键。在磁吸效应研究方面,模型结果再一次印证了磁吸效应是大概率会发生的,并且随着接近触板事件的发生,收益率指标、交易者行为一致性指标和交易者提交市价单比例指标呈现出显著增加的趋势。同时,交易者行为趋同和交易者迫切地想进行交易的心理是导致磁吸效应发生的重要原因。

再次,研究集中在中国股票市场发展早期,中国股票市场发展早期曾频繁地调节涨跌幅限制,并且涨跌幅限制的阈值设置得都非常小,这时上证综指指数价格呈现出沿着涨跌幅限制单边上升或下降的趋势,并且波动非常小,市场行情状态的变化提供了一个非常好的自然实验。基于以上发现,本书在具有涨跌幅限制的单资产股票市场多主体模型框架的基础上继续进行研究,重点关注极端小的涨跌幅限制下股票价格的走势。模型重现了中国股票市场发展早期股指价格的单边形态,这种单边价格形态的成因是买方或卖方主导市场的结果,即市场中供给和需求严重失衡。这种单边价格形态也可以解释为市场中原本异质的交易者行为趋同的结果,并且极小的涨跌幅限制有助于交易者行为一致性的形成。这时,旨在抑制股价过度波动的市场稳定机制只会导致股价在更长的时间范围内继续上涨或下跌,甚至比波动率溢出效应带来的市场波动更大。

最后,本书将视角转向熔断机制,通过构建一个具有熔断机制的多资产股票市场多主体模型,趋势交易者和均值回复交易者在连续双向拍卖交易机制下进行交易形成个股价格,进而由个股价格形成股价指数。通过调节熔断限制和交易者参考股指强度的大小，研究发现熔断限制越小，越容易发生熔断；交易者参考股指决策的强度越大，越容易发生熔断。对于熔断下市场行为的探索，研究发现熔断日的市场波动性高于熔断之前，并且熔断限制越宽松，熔断日的市场波动性越大。从交易者参考股指强度进行决策的影响看，当交易者完全不参考股指进行决策时，熔断事件的发生是因为较小的熔断限制所导致交易者行为趋同以及交易者提交市价订单比例的上升，并伴随着较好的市场流动性、较低的股票间收益率的相关性。当交易者参考股指进行决策时，熔断事件的发生一方面是熔断限制的影响，另一方面是由于交易者参考股指所带来的交易行为的趋同，并伴随着较低的市场流动性、较强的股票间收益率的相关性、较强的交易者行为趋同性。

在本书撰写的过程中，特别感谢北京师范大学李红刚教授和英国赫尔大学 Youwei Li 教授对本书稿提出的建设性意见，使得本书得到进一步完善，在此致以衷心的感谢！感谢华北电力大学中央高校基本业务费项目的支持，感谢经济管理出版社所有工作人员的细心编辑、校对。笔者水平有限，对于书中存在的不足之处敬请读者批评指正。

目　录

第一章　绪论 ·· 1

　　第一节　研究背景 ·· 1

　　第二节　研究问题 ·· 12

　　第三节　本书的研究内容和章节安排 ·· 23

　　第四节　本书的主要创新点和学术贡献 ······································· 26

第二章　市场稳定机制的实证研究：以 2020 年世界股市为例 ············· 29

　　第一节　前言 ·· 30

　　第二节　磁吸效应的实证研究 ·· 33

　　第三节　熔断下的市场行情 ··· 39

　　第四节　本章小结 ·· 46

第三章　涨跌幅限制的磁吸效应研究 ·· 48

　　第一节　前言 ·· 48

　　第二节　具有涨跌幅限制的单资产股票市场多主体模型 ················ 52

　　第三节　模拟结果 ·· 60

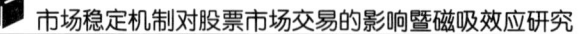

第四节　本章小结 ·· 79

第四章　极端小的涨跌幅限制的影响：中国市场的自然实验 ············ 81

　　第一节　前言 ·· 81
　　第二节　中国股票市场发展早期的实证研究 ···················· 84
　　第三节　机制模型 ·· 92
　　第四节　模拟结果 ·· 96
　　第五节　本章小结 ·· 105

第五章　熔断机制下的市场行为研究 ································ 107

　　第一节　前言 ·· 107
　　第二节　具有多资产的股票市场多主体模型 ···················· 109
　　第三节　模型结果 ·· 116
　　第四节　本章小结 ·· 131

第六章　总结与展望 ·· 134

　　第一节　总结 ·· 135
　　第二节　展望 ·· 137

参考文献 ·· 139

第一章 绪论

第一节 研究背景

金融市场可以看作一个由市场交易者、市场监管者和市场环境相互作用的复杂系统。近年来，随着学者们对金融市场中的时间序列进行实证研究，得到一些典型事实，包括尖峰厚尾、波动聚集、长记忆性等。传统的经济学理论并不能对这些典型事实做出合理的解释。还有像金融危机、市场崩盘这样的金融异象的出现，学界关于经济危机的讨论逐渐演变为经济学的危机[1]。新的研究方法逐渐兴起，20世纪80年代后期在圣塔菲研究所诞生了一种不同以往的经济学方法，即复杂经济学（Complexity Economics）[2]。不同于传统经济金融理论强调均衡、完全理性以及静态分析，复杂经济学强调非平衡、自适应和演化，将经济金融系统看作一个大规模的不断运转着的复杂系统。基于多主体模拟的计算实验方法是复杂经济学研究最重要的方法之一，该方法对市场投资者行为的设定，将主体看作具有不同交易决策行为的适应性主体，通过对市场结构的初始设定，模拟实际市场的演化过程。

一、金融作为一个复杂系统

复杂系统是由许多相互作用的部分组成的系统,并且这些相互作用的主体具有产生新的宏观集体行为的能力[3],其主要表现是自发形成独特的时间、空间或功能结构[4]。复杂系统有这样的特征:首先,在一个复杂系统中,组成系统的主体与主体之间是相互作用的,除了主体与主体之间的相互作用,主体与环境也会进行相互作用[5]。其次,组成复杂系统的同质或异质的主体相对于整体来说比较简单,但是主体与主体之间的相互作用是复杂的[6]。最后,复杂系统具有涌现性,即在没有中心控制和全局信息的情况下,仅通过主体之间的局域相互作用,系统就可以在一定条件下涌现出宏观的全局行为,这种行为在微观个体层次上是观察不到的[7]。

金融市场作为一个典型的复杂系统,具有复杂系统的一般特征。从金融系统的组成来看,金融系统是由大量主体以及主体间的互动组成的。金融系统中的主体主要是人,也就是金融市场的参与者,包括交易者和监管者,他们具有价值观、预期和策略行为,这就使得金融系统具有区别于一般自然系统的基本特征。金融复杂系统是一个人类参与的系统,是金融市场参与者的行动和安排(例如买卖、投资、投机、探索、监管、制定战略、预测、竞争、学习、创新和适应等),使金融市场成为一个具有并发行为的大规模并行系统。

金融系统中的主体具有一定的自主性和学习能力,他们能够根据局部或全局信息自主地选择和决策,能够感知和适应环境。市场主体不仅能够模仿和学习其他主体行为,还能从环境中学习。通常情况下金融系统主体是异质的,每个参与者都有自己的一套约束、行为偏好和互动模式。

金融系统中的主体,也就是人,是有限理性的,他们的行为遵循一定的简单规则,这与传统经济学中假定完全理性和无限理性是不同的。越来越多的研究表明，现实生活中的市场参与者并不是完全理性的。Kahneman 和 Tversky（2013）[8]通过识别人类行为中可预见的非理性的各种情况，提出了认知偏差的概念。Lo（2004）[9]试图从情绪反应的角度解释交易者看似不理性的行为。同样，Bouchaud 和 Challet（2017）[10]认为推动市场价格的是市场主体的羊群效应，而不是效用优化。Tsang 和 Martinez-Jaramillo（2004）[11]研究表明，有限理性和局部优化能够更真实地反映金融市场中的参与者。

金融系统还表现出涌现的复杂性以及演化的复杂性。涌现的复杂性主要体现在金融系统表现出的层次结构上，例如微观经济层面和宏观经济层面，单个经济主体的行为交互形成了整个经济体的运行方式和运行规律，并且宏观经济所表现出的全局现象在微观主体上是观察不到的，这种涌现不是简单的主体行为的加总，而是产生了新的特点。演化的复杂性体现在金融系统的复杂动态行为或现象上，具有多重均衡、锁定、分岔、突变、路径依赖、混沌、级联效应、极端事件、反直觉等特点。例如，经济金融系统中多米诺骨牌效应、蝴蝶效应、黑天鹅事件、金融危机、金融泡沫的出现，这些现象都说明金融系统并不是一成不变的，而是随着时间不断演化的。由于金融系统涌现和演化的复杂性，使我们对于金融系统未来的发展难以预测，不仅仅是随机因素的干扰，更是由于市场参与者、市场环境、个体行为和思想的复杂性让预测变得困难。同时，对于金融复杂系统的控制也是相对比较困难的。

金融系统作为人类参与的系统，与一般意义上的系统最大的区别在于人类并不是被动的反应，而是会有主动的行为。人类的学习与动物的简单学习不同，人类的学习层次是更高级的，包括模仿、试错和推理。人类能够对未来有一定的预期，这种预期不一定是完全准确的，但是对未来的预期会影响现在。人类还有像对策和博弈这样的策略和行动。简单来说，人类系统由人类认知塑造，又反作用于人类。人类行为的复杂性使金融系统表现出内在的不确定性、具有应对行为等特点。

复杂性科学是研究复杂系统的科学，运用非还原论方法，重点关注复杂系统产生复杂性的机理及其演化规律[12]。复杂性科学不仅关注系统的局部，也关注系统整体的演化规律。复杂性科学不是一种理论，而是从复杂系统的实际出发的一种科学的行动，是研究系统中相互作用的主体如何创造出整体模式，以及这些整体模式如何反过来导致主体的改变或适应。复杂性讨论的是关于结构的形成，以及形成的结构如何影响产生整体结构。复杂性科学使人们对客观事物的认识由简单还原论上升到复杂整体论、由简单均衡上升到非均衡、由线性上升到非线性。

从复杂性的角度来看金融系统，意味着要研究它是如何随时间演变的，详细研究主体的行为是如何共同形成某种结果的，以及这种结果又如何反过来改变他们的行为。换句话说，复杂性是指主体行为如何对他们共同创造的模式做出反应，以及该模式最终如何改变自身。

二、经济复杂系统思维

2007~2008年的金融危机，是一场严重的世界性金融危机。银行过度冒险，再加上美国房地产泡沫破裂，投资者对银行偿付能力缺乏信心，信贷供应减少，导致2008年末和2009年初股票和大宗商品价格暴跌。由次贷危机引发的金融危机迅速蔓延至全球，导致众多银行倒闭。这一时期，全球经济放缓，因为信贷收紧，国际贸易下滑，房地产市场受到影响，失业率飙升，大量企业倒闭。在这样的背景下，一些学者开始反思主流经济学面临的理论和现实挑战，学界关于经济危机的讨论逐渐演变成经济学的危机[13]。主流经济学告诉我们如何稳定宏观经济结果、避免萧条、监管货币体系、管理中央银行和执行反垄断政策，但它不能做到预防金融和经济危机。

主流经济学面临的挑战，既来自学科内部，也来自现实世界。一方面，来自传统经济学的若干基础假设的挑战，如理性人、有效市场、均衡范式等。批评者认为标准经济模型代表了对现实金融市场的过度简化，这是一种假设的结果，即经济体由完全理性的主体组成，他们对经济的特征拥有充分的信息和完善的知识。经济危机的发生挑战了传统经济学中经济和金融市场是稳定的，在受到扰动后趋于恢复平衡，外部冲击可能造成繁荣或萧条，但经济体系是自我修正的，总是回到稳定状态的理论。另一方面，现实世界中的如金融与经济危机、人口结构变化、社会不平等问题反复出现，这些问题经济学讨论了上百年，但仍然未得到令人满意的解答。

经济学的机遇在于外部学科，来自物理学、生物学、计算机和社会科学其他研究领域的学者，他们对于社会经济问题已经形成了许多有价值的见解和研究方法，同时也提供了更广泛的研究工具。经济学只有开放地"拥抱"整个社会、经济和环境系统，全面地利用数据、信息和计算机，接受不确定性、非线性和非均衡等真实条件，才能取得新的突破。复杂经济学、计算社会科学等跨学科领域开始崭露头角。

20世纪80年代后期，在圣塔菲研究所逐渐诞生了一种不同以往的经济学方法，即复杂经济学方法。复杂经济学这个概念由布莱恩·阿瑟（W. Brain Arthur）于1999年在 Science 上发表的一篇论文中提出[2]，阿瑟也被视为复杂经济学的创始人。

阿瑟认为，现实金融领域中的三个现象与新古典经济学中的均衡理论相悖。第一个是资产价格的自我强化、泡沫和崩跌，实际市场中的投资者并不是完全理性的，交易者对于股票价格的预测，以及交易策略的实施会自发地形成泡沫和市场崩溃现象；第二个是波动聚集现象，即高波动周期与低波动周期随机交替出现的现象；第三个是与相变和级联效应相关的突然的渗流现象，例如某个银行的不良资产问题通过银行间借贷传播至整个银行网络。所以经济并不是一个处于均衡状态的系统，而是一个处于运转状态的系统[14]。

复杂经济学用一种完全不同的方式看待复杂经济系统，它超越了均衡范式的经济学，用复杂系统中的涌现和演化的理念来讨论经济学，认为经济不是机械的、确定的、可预测的，而是过程依赖的、有机的、不确定的和不断演化的。复杂经济学强调偶然性、不确定性、理性和对变化的开放性，是一门以预测、反应、创新和替代为基础的学科。在复杂经济学思维下，经济系统是不断进行自我计算、自我创建和自我更新的系统，是不断演化的并且是动态发展的系统。

复杂经济学与新古典经济学相比有哪些具体的特点呢？2021年阿瑟的综述文章中[15]给出了更确切的回答。首先，复杂经济学放松了新古典经济学中具有代表性的超理性主体的假设，在复杂经济学中，经济的主体是现实中的人，现实中的人是多样的，并不是完全理性的。当有事件发生时，路径依赖和历史是非常重要的。其次，在复杂经济学中，均衡不被假定，如果均衡存在，那么它就会涌现出来。同时，在复杂经济学框架下，经济中无法预料的危机可以被事先讨论和计划。

由于复杂经济学的假设是新古典主义假设的扩展，它既不是均衡经济学的特例，也不是均衡经济学的补充。相反，它是在以更一般的方式研究经济学。经济学的这种转变在很大程度上是科学本身更大转变的一部分，所有的科学都在摆脱它们的确定性，拥抱开放性和过程性，并探索结构或现象是如何形成的。经济学的研究有了在不确定性下思考决策的方法，以及处理非线性动力学和非线性随机过程的方法。但最重要的是，计算能力的提升使我们有可能对更复杂、更现实的行为进行任意建模。

三、多主体建模与计算实验

复杂经济学思维让我们以一种全新的视角重新审视经济金融系统，思想上的进步推动了研究方法的革命。一种将经济系统视作由主体自主交互而形成的演化系统，并用计算的方式来研究经济系统的方法——计算实验经济学（Agent-based Computational Economics，ACE）逐渐兴起。与传统的自上而下研究经济学的方法不同，计算实验经济学的研究思想是：首先，构建系统中初始的经济体（或称之为主体），这些主体可以是政府、贸易商、金融机构等市场参与者，也可以是土地、天气等市场环境主体。其次，对主体进行初始化设置，构建经济系统的初始化状态。主体的初始属性包括类型特征、行为模式、交流和学习模式，以及内部存储的关于主体自身和其他主体的初始化信息。最后，在市场主体明确、初始属性已设定的市场，经济系统会随着时间的推移进行自我演化和发展，建模者无须对系统进行干预。在这样的设定下，随后发生的所有事件都是由来自主体和主体之间的交互或者主体与环境之间的交互形成的历史时间线。

计算实验经济学的特征是其在自适应主体的相互作用中构建模型，广泛定义包括经济主体、社会主体和环境主体。虽然主体有初始条件的约束，但是一旦模型运行，经济过程的动力学就由主体之间的相互作用决定，而不是由外部强加的方程组决定，每个时间点的经济状态都是由当前推动经济发展的各个主体的内部属性决定的。这种对经济的动态描述使学者们对经济建模有了更清晰的理解，越来越多的计算证据表明，简单的个体行为可以产生复杂的宏观规律。

作为计算实验经济学的一个分支，以复杂自适应系统为思想基础，以多主体模型为技术基础，以行为金融理论、市场微观结构理论等经济金融理论为知识基础的计算实验金融学（Agent-based Computational Finance）成为一个新兴的研究热点[16]。最早的具有学习能力的主体——人工股票市场（SFI-ASM）由圣塔菲研究所的学者最先研发出来，这一模型体现了实际金融市场中的典型事实和宏观特性，标志着计算实验金融学的诞生。随后，越来越多的学者对这一领域进行研究，研究成果颇丰。

多主体模拟（Agent-based Modelling）或者说基于主体的模拟，是包含多个系统主体的模拟，模型中的每个主体能根据既定的规则、外界条件以及自身状态的变化，主动地作出相应的反应[17]。多主体模拟是一种自下而上的研究方法，使我们能够研究系统中各主体之间的互动行为对系统的影响，也使我们研究系统中的个体行为与整个系统的宏观表现之间的联系成为可能。多主体模拟方法被广泛地应用于社会系统、生物系统等领域的建模，同样地，它也是计算实验金融学中重要的研究方法之一。

通过对金融市场参与者建模，构建主体的交互方式，从而形成价格序列。LeBaron（2000，2001，2006）[18-20]的文章总结了用多主体模拟方法研究金融问题的关键步骤与方法：首先，要构建交易主体的表现形式和结构，包括投资者类型、投资策略、资产特征、交易者交互方式等的概念模型；其次，要确定交易机制，也就是价格形成机制，如做市商机制、连续双向拍卖交易机制等；再次，要确定模型参数，模型的参数可以来自实际金融市场，也可以经多次实验模拟看模型是否能呈现出金融市场典型事实；最后，通过设定不同的随机种子进行多次模拟实验，得到大量交易数据。计算实验金融的好处是能够得到更多的数据集，包括宏观、中观和微观层面的信息，并且通过模型能够重现实际金融现象，或者对金融现象和金融理论做出解释。

用多主体模拟方法研究实际金融系统，通过设置参数，以人工实验的方式构建人工股票市场。学者们常常质疑其数据产生的合理性，因此有关多主体模型的校准是计算实验金融学面临的一个重要问题。Bianchi等（2008）[21]的研究提出了三种给计算实验金融学模型校准的方法：第一种是将人工股票市场的资产价格序列与实际金融市场进行比较，看模型能否重现实际金融市场中尖峰厚尾、波动聚集等统计特性；第二种是检验人工股票模型对于未来的预测是否与真实市场相同；第三种是在模型中通过输入来自真实市场的数据参数，采取相同的价格形成机制，观测模型是否能够重现真实系统中发生过的事实，如市场崩盘或泡沫等市场异象。市场中一些典型的人工股票市场模型大多采用上述三种方法进行检验，并且往往从模型构建之初就经过了长时间的论证演算，通过检验的模型就可以被用来进行其他金融政策或金融现象的分析。

多主体模拟方法被越来越多地应用于商品期货市场、股票市场、外汇市场、期权市场、石油市场等金融市场的研究。Boswijk 等（2007）[22] 构建了一个具有异质有限理性主体的动态资产定价模型，投资者会根据其自身过去投资的表现内生地进行策略的转化，实验结果表明投资者的平均情绪在统计上具有显著的行为异质性和显著的随时间变化性。Franke（2009）[23] 构建了一个基于主体的资产定价模型，并用实际市场中的股票指数和汇率数据估计了模型的六个重要参数。Frijns 等（2010）[24] 建立并检验了期权市场的异质主体模型。Ter Ellen 和 Zwinkels（2010）[25] 构建了一个针对石油市场的异质主体模型，实验结果表明异质主体模型在预测方面优于随机游走模型。

通过构建人工股票市场，学者们重现了包括波动聚集、尖峰厚尾、收益率短期自相关性较弱、收益率绝对值具有长记忆性等金融市场典型事实。Chen 等（2012）[26] 和 Gould 等（2013）[27] 重现了金融市场中收益率序列的典型事实，并且他们还发现了买卖价差和成交量的长记忆性、订单簿深度的驼峰形状等其他经验事实。Chiarella 和 Iori（2002）[28] 通过构建订单驱动的异质主体模型进行研究，研究结果表明交易者的行为特征和现实的微观结构对收益率的若干统计特征都有一定的解释作用。

用多主体模拟方法构建人工股票市场，对主体行为的建模和对价格形成机制的建模是影响整个人工股票市场最有决定性、也是最关键的两个部分，下文将分别进行介绍。

1. 主体行为建模

金融市场具有复杂性，金融市场中交易者的行为规则和信念准则具有异质性，这可能会给市场带来和产生不稳定和复杂的动态现象，例如周期性或混沌。金融系统中的交易者是异质的，是具有有限理性的，那么交易者所遵循的交易规则或交易行为对整个金融系统的影响是深远的。交易者提交订单的类型、委托提单价格、委托提单数量等因素更是决定资产价格的重要变量。针对实际市场中交易者的行为模式，我们可以将其刻画为多主体模型中主体遵循的交易规则。目前最常见的对于主体行为建模的方法有以下三种：

第一种是零智能模型。学者们在研究资源配置是否与市场参与者的智能相关时，提出了零智能模型，假定交易者随机地进行买卖，但是受交易者的预期和资金头寸约束来进行交易[29]。零智能模型的研究者发现在市场价格形成过程中，市场主体是否理性对价格形成的影响并不大[30,31]。

第二种是普通策略类模型。与零智能模型相比，这种策略类模型的个体具有一定的智能，遵循一定的交易策略。这些研究大多受 Frankel 和 Froot（1990）[32]、Vigfusson（1997）[33]、De Grauwe 和 Dewachter（1993）[34]的早期理论影响，他们认为资产价格的波动是由内生机制引起的，基本值交易者倾向于稳定价格，而趋势交易者过多会加剧市场波动，资产价格的波动正是由这些稳定力量和不稳定力量之间的相互作用造成的。于是在后来的研究中，学者们往往假设有一群交易者遵循两种不同类型的策略，即技术和基本面。技术交易者（Chartists）通常对资产的历史价格特征做出反应，而基本面交易者（Fundamentalists）则根据感知到的经济基本面做出决策。普通策略类模型的特点是市场主体不具有学习能力，是相对稳定地采取特定的交易策略。这种模型的优势在于易于处理，更具有分析性。

第三种是市场主体具有学习能力的人工智能模型。信息时代的来临以及人工智能技术的发展使交易者自我学习和社会学习行为的构建成为可能。Arthur（1999）构建的人工股票市场（SFI-ASM）验证了遗传算法对金融建模的有效性。[2] Chen 和 Yeh（2001）[35]构建了一个基于主体的学习模型，交易者是不断进化的。

2. 价格形成机制建模

在市场主体的行为模式构建之后，主体之间相互作用模式的设定就显得非常重要，也就是有关资产价格形成机制的设定。目前在人工股票市场中主要有四种典型的价格形成机制：随机游走、解析模型、做市商机制、连续双向拍卖机制。

随机游走方式是让市场交易者以随机碰撞的方式进行交易，当主体与主体相遇时，如果他们依据交易策略认为交易可以发生，即进行交易产生价格，这是一种对市场交易的简化。

解析的方式是将市场的出清机制作为理论解析模型的一个解析解呈现，主要思想是根据供给和需求关系计算出市场的出清价格[36]。

做市商机制是实际金融市场中比较常见的订单撮合方式，即市场中存在一个向交易者同时提供买价和卖价的做市商。这时，市场交易者不必等到交易对手出现，就可以直接与做市商进行交易，商通过买卖价差实现一定的利润。在多主体模拟中，学者们将市场价格的形成看作一个超额需求的函数，根据供需关系调整报价。做市商首先报价，之后通过市场主体申报的需求状况修改下一期的价格：当需求大于供给时调高价格，当需求小于供给时降低价格。通过做市商机制形成价格的模型已经有较为成熟的构建方式，可参考 Chiarella（1992）[37]、Day 和 Huang（1990）[38]、Zhu 等（2009）[39] 的研究。

连续双向拍卖机制也是非常典型的价格形成机制，有超过半数的金融市场采用这种机制。在连续双向拍卖交易机制下，交易的达成是由交易者提交订单的信息来决定的，交易者提交的订单包括委托提单价格和委托提单数量的信息，交易者提交的订单储存在订单簿中，先按照价格排序（买单降序排列，卖单升序排列），再按照时间排序，也就是在相同提单价格下，提前到达的订单在列队中的位置要早于晚到的订单，订单在订单簿中撮合。与做市商机制不同，在连续双向拍卖交易机制下，交易的达成必须有交易对手。Gode 和 Sunder（1997）[40]、Chiarella 等（2009）[41] 的研究介绍了比较成熟的连续双向拍卖机制下的模型构建。

第二节 研究问题

为防范金融危机以及在风险管理的要求下，以涨跌幅限制和熔断机制为代表的市场稳定机制被越来越多的国家采纳，以防控风险和稳定市场。以涨跌幅限制和熔断机制为代表的市场稳定机制对股票市场交易的影响是本书重点关注的内容。涨跌幅限制和熔断机制都是规定证券价格在一天之内的最大涨跌幅度。涨跌幅限制主要是针对个股，发生涨跌停板时只要市场中有交易对手就还可以交易；而熔断机制是针对市场指数的，一旦触发会导致整个市场的交易暂停，由此可见熔断对于市场的影响更深远。已经有很多文献对市场稳定机制的作用进行过研究，这些文献以实证研究为主，研究结果具有不确定性。支持者认为，市场稳定机制具有降低波动、稳定市场、增加市场流动性和促进价格发现等作用；反对者则认为，市场稳定机制具有波动率溢出效应，还有降低市场流动性、阻碍价格发现等作用。

一、市场稳定机制

面对日益复杂的金融系统以及金融系统性风险的挑战，金融市场监管政策的制定与完善越来越成为一个国家金融市场稳定的重要内容。为了维护金融市场的稳定发展，防范金融风险、建立市场稳定机制成为一个国家市场监管的重要举措，是用来防范市场过度波动、维护市场安全稳定的重要内容。

市场的稳定机制的含义非常广泛，可以分为内生稳定机制和外生稳定机制。内生稳定机制是指包括法律、经济和政治制度的基础制度结构，是一个国家或地区市场自身所具备的防控风险的能力。外生稳定机制是市场监管者设置的一系列用于抑制过度波动、防控市场风险、维持金融市场安全稳定的监管措施和管控政策。外生稳定机制有多种表现形式，像特别报价制度、申报价挡位限制、保证金要求、头寸限制和限速交易等，但最常见的是涨跌停板制度和熔断机制。

本书重点关注的就是狭义的特指涨跌幅限制和熔断机制的市场稳定机制，即监管者为控制金融市场的交易风险，为个股或市场指数所设置的单日价格最大变化幅度，一旦资产价格触及涨跌停线或者熔断限制，那么价格将保持不变（即熔而不断）或者交易自动暂停（即熔断）。在金融市场中，随着价格的大幅波动，市场稳定机制的存在会提前暂停或终止交易，以使市场参与者有时间思考基本面因素，收集信息，评估头寸并做出合理的决定。监管机构希望用这种稳定机制缓解市场恐慌情绪，保护市场流动性的提供者，延缓暴涨暴跌时期的价格发现。市场稳定机制的表现形式[42,43]如图1-1所示，其中最常见的形式就是涨跌幅限制和熔断机制。

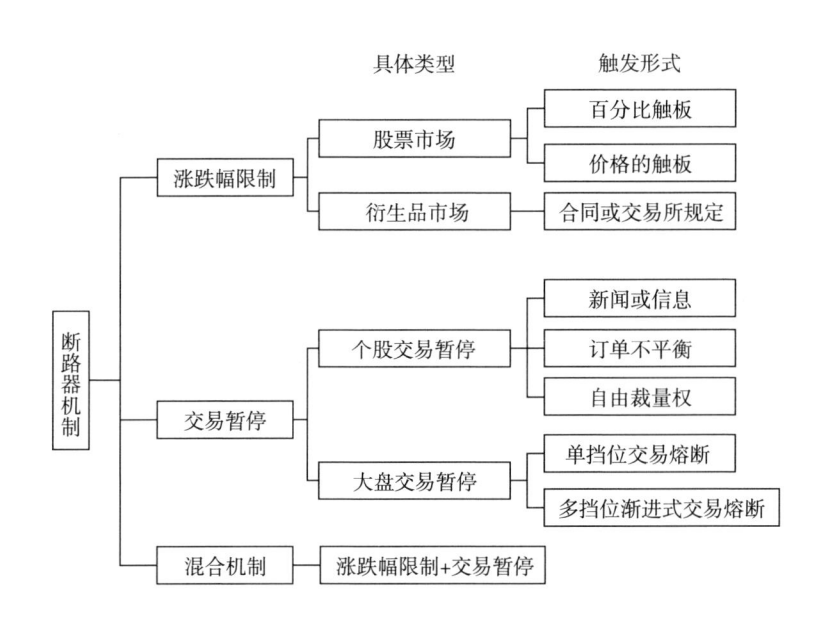

图1-1 市场稳定机制的各种类型以及触发形式

1. 涨跌幅限制

涨跌幅限制（Price Limit）是在个股前一日收盘价的基础上规定当日股票价格能够上涨或下跌的最大幅度，这一幅度通常用百分比的形式来表示，能够上涨的最大幅度叫作涨停板，能够下降的最大幅度叫作跌停板。涨跌幅限制最早应用于18世纪初，为了应对大米期货价格的过度波动，日本堂岛大米交易所首次在大米期货的交易中使用了涨跌幅限制[44]。涨跌幅限制在亚洲市场非常常见，像我国市场、韩国市场和马来西亚市场都实施涨跌幅限制。涨跌幅限制是一种熔而不断的市场政策，即一旦股价触及涨跌幅限制，只要有交易对手，交易依然可以进行。

2. 熔断机制

熔断机制（Circuit Breaker）又称断路器机制，是市场监管者对单一证券、一组证券、一个交易所或者一组交易所连续交易的临时暂停。广义的熔断机制可以分为针对个股的交易暂停和针对整个市场范围的交易暂停。狭义的熔断机制或者我们通常说的熔断机制都是针对市场范围的交易暂停。针对个股的交易暂停通常是在个股的价格变化超过一定幅度，个股的买卖订单出现严重不平衡，或者上市公司即将发布重要消息时触发。股指交易暂停是指股指价格上涨或下跌到一定幅度时，市场范围的交易暂时停止。这种交易暂停措施是交易所为防控风险而采取的。针对股指熔断的触发方式有单挡位交易熔断和多挡位渐进式交易熔断，大多数国家市场在为股指设置熔断机制时通常都会选择设置多挡位熔断线来防控股指不同幅度的上涨或下跌。交易暂停可以抑制市场恐慌，使交易者在交易暂停期间有平等的机会评估信息并在此基础上做出正确选择。在实际市场中，针对市场指数的熔断机制一旦触发会导致整个市场交易暂停，影响非常大，如2020年的世界熔断潮。本书所关注和重点研究的也是针对市场指数的熔断机制。混合型的价格稳定机制就是市场中既有涨跌幅限制的约束,又有熔断机制的约束。我国在2016年初就有涨跌幅限制和熔断机制同时作用于市场的时期,但这一时期很短,仅持续了四个交易日。

涨跌幅限制和针对股指交易暂停的熔断机制联系密切却又有所差别。从两者联系的角度看,涨跌幅限制和熔断机制都是市场监管者外生地设置一个涨跌幅限制和熔断线的大小,使证券价格每日的波动幅度在这个范围之内,这样做的目的是防止证券价格暴涨暴跌给交易者带来巨大的交易风险和损失。从两者区别的角度看,首先,涨跌幅限制通常是针对个股涨跌所设置的限制;而熔断机制一般是针对股指的,是针对市场范围的限制。其次,就像我们前面提到的,如果股价触及涨跌幅限制熔而不断,只要市场中有交易对手,交易还会继续;而熔断机制的作用是"熔即断",也就是说,当股指触发熔断线后,整个市场的交易就会暂停,即使有交易者想提交订单进行交易,交易也不会进行,交易暂停的时间会根据熔断线的大小和相应市场政策的规定执行。总之,涨跌幅限制和熔断机制都是对股票价格的一种限制,但是熔断机制对市场的影响范围更大,对市场交易的影响也更深远,尤其是这种暂停交易的机制,对整个市场流动性、交易者策略的改变和资产价格的发现的影响都比涨跌幅限制更加深远。

二、市场稳定机制对金融市场的影响

市场稳定机制作为一种抑制恐慌、缓解波动、防止崩溃的自动化监管利器被世界上很多国家用来稳定金融市场,但有关这一制度的影响的争议不断。支持者认为市场稳定机制给交易者冷静思考的时间,重新评估交易决策;反对者则认为市场稳定机制对市场交易有干扰作用,阻断了价格发现的进程。研究人员近三十年来对以涨跌幅限制和熔断机制为代表的市场稳定机制的研究内容包括市场稳定机制对金融资产价格、收益率、成交量、市场流动性、市场波动性和资产价格发现效率等因素的影响，得到了相当丰富的研究成果。

1. 市场稳定机制与资产价格

从资产价格波动的角度看，支持者认为在市场中实施涨跌幅限制或熔断机制等市场稳定机制具有使过度活跃的市场平静下来的能力，从而抑制市场的过度投机[45,46]。1986年就有学者认为，在期货市场实施涨跌幅限制能够降低期货价格的波动，减少期货交易中的违约风险。Farag（2013）[47]发现价格限制阈值由小变大有利于降低市场波动性。Kim和Yang（2008）[48]对中国台湾股票交易所数据进行分析，中国台湾市场以严格的价格限制和频繁的触板率著称，他们发现波动率在多次触板后的几天内会下降。随后的研究中，Kim等（2013）[49]用事件分析法研究发现价格限制在一定程度上降低了市场波动率。反对者则认为市场稳定机制并不能降低市场波动性。Kuhn等（1991）[50]对1989年美国市场的小规模崩溃进行研究，发现市场断路器无法降低现货和期货市场的波动性。Lee等（1994）[51]发现在纽约证券交易所暂停交易的第二天，市场波动性会增强。Kryzanowski和Nemiroff（1998）[52]、Wu（1998）[53]、Tan和Yeo（2003）[54]都支持交易暂停后，市场波动性增加的结论。Kim和Rhee（1997）[55]发现价格限制会使得原本应该在一天之内实现的价格波动不能完成，反而会在随后的交易时段内溢出，使股票价格的波动持续更长时间。Christie等（2002）[56]研究发现纳斯达克市场在熔断后，收益率往往会出现异常高的波动性。Aradhyula和Ergun（2004）[57]用GARCH模型对纽约证券交易所进行研究，发现断路器机制引发了更高的市场波动。李广川等（2009）[58]支持涨跌幅限制会提高市场流动性，增加市场波动性。盛军锋等（2009）[59]的研究表明涨跌幅限制对于市场有一定抑制作用，但是作用非常有限。

从价格发现效率的角度看，支持者认为市场稳定机制有利于价格发现。Madura等（2006）[60]对美国市场的研究发现交易暂停有助于促进纳斯达克的价格发现。Hauser 等（2006）[61] 研究了以色列特拉维夫证券交易所停牌后的价格调整速度，比较了停牌和不停牌的信息公告，发现当交易暂停生效时，信息传播速度更快，从而导致价格调整得更快。Engelen 和 Kabir（2006）[62] 也支持这一观点，他们对比利时布鲁塞尔交易所的研究发现交易暂停促进了价格发现效率。反对者则认为市场稳定机制是对资产价格施加限制导致波动中断，使得价格发现效率延迟。Ryoo 和 Smith（2002）[63] 对韩国股票市场的随机游走假设进行了检验，发现断路器抑制了股票的随机游走路径。Chan 等（2005）[64] 对吉隆坡证券交易所 1994~1995 年资产价格与对照样本进行了比较，发现了价格延迟效应。另外，Kabir（1994）[65] 的研究也发现了交易中止导致价格发现效率降低的证据。

2. 市场稳定机制与交易干扰

市场稳定机制作为一种调节器会影响交易者的交易决策。从流动性上看，学者们发现股票在触发价格限制后的交易中，各个股票交易所的成交量显著提高[66]，但在接近交易暂停时的成交量会有所下降。Corwin 和 Lipson（2000）[67] 在对纽约证券交易所交易暂停前后的订单流动性分析时发现，知情交易者不愿意在市场压力时提供流动性。Kim 和 Yang（2008）[48] 发现知情交易者在面临即将到来的价格限制时会改变其交易策略。Chan 等（2005）[64] 对吉隆坡证券交易所股票进行研究时发现价格限制延误了知情交易者的到来，加剧了订单不平衡性。Kryzanowski 和 Nemiroff（2001）[68] 研究发现在多伦多证券交易所停牌期间的前后，买卖价差会增加。Goldstein 和 Kavajecz（2004）[69] 发现在交易暂停前，交易者通过限价订单提供流动性的成本非常高，以致交易者取消了订单，选择延后交易。

其中，Kim 和 Rhee（1997）[55] 研究组采用事件研究和分组比较相结合的方法首次检验了波动率溢出效应、交易干扰效应和价格发现的延迟效应。这是市场稳定机制对股票市场交易的日间影响，简单来说就是涨跌幅限制的存在使原本应该在一天内实现的波动性、流动性、价格发现效率不能完成，使股价波动和价格发现的时间变长，也干扰了交易的进行。具体来说，波动率溢出效应（Volatility Spillove）[70,71]是指涨跌幅限制的存在阻碍了原本应该在一天之内完成的股票价格的大幅变化，使股价波动持续更长的时间。交易干扰效应（Trading Interference）[72]是指价格限制的存在使投资者无法及时地调整交易政策，股票交易的流动性就会受到干扰。价格发现延迟效应（Delayed Price Discovery）[73]是指市场稳定机制的存在将使本应该在当日达到均衡的价格无法及时实现，从而延迟了价格发现的时间。此后，许多针对实际金融市场的研究都集中在对这三个效应的检验上[74-76]。

也有学者认为价格限制具有冷却效应。冷却效应[77-79]是指市场稳定机制的存在能够给火热的市场情绪降温，让交易者重新评估市场环境，调整交易策略，避免过度恐慌和非理智的市场交易行为。还有学者认为价格限制具有福利效应[80-82]，他们认为市场稳定机制的存在能够增加社会福利，达到帕累托最优状态。

从市场稳定机制对交易干扰的影响上看，学者对价格稳定机制的评价总体上是负面的，认为价格限制的存在影响了交易者的策略调整，阻碍投资者的交易计划。特别是交易暂停，投资者甚至无法通过以不利的报价进行买卖来重新安排头寸，因此交易活动和流动性都会受到干扰。

3. 市场稳定机制与磁吸效应

1987年"黑色星期一"之后，美国计划引入熔断机制来稳定市场，但有学者当时就预测熔断机制的实施将引发磁吸效应。磁吸效应（Magnet Effect）是指当市场中实施涨跌幅限制或熔断机制等市场稳定机制时，当资产的价格接近每日价格限制时，原始价格趋势可能会加速，价格限制就像是磁铁一样，将价格拉向涨跌停线或者熔断线，这种资产价格接近价格限制的趋势的加速被称为价格限制的磁吸效应[83-85]。这种磁吸效应可以看作极端事件的自我实现，也可以看作一种羊群效应[86,87]，即市场中原本异质的交易者行为趋同。磁吸效应的研究重点是资产价格的日内变化情况，尤其是在熔断或涨跌停板前一段时间资产价格的走势。

本书总结了自1997年至今有关磁吸效应检验的实证研究成果，如表1-1所示，按照磁吸效应存在、不存在和不确定三方面进行文献分类，可以看出磁吸效应已经在很多市场得到了验证。Yang等（2003）[88]对10个亚洲新兴市场股市在1995~2001年的交易数据进行分析，用误差修正模型检验了磁吸效应的存在。Cho等（2003）[89]用AR（3）-GARCH（2，2）模型对涨跌停板前股票价格的运动模式进行检验，研究结果支持磁吸效应的存在，发现股票价格在触板前会加速向涨跌幅限制方向运动。Bildik和Gulay（2006）[75]对1998~2002年在伊斯坦布尔证券交易所交易的234只股票数据进行分析，研究结果表明伊斯坦布尔市场中存在将股票价格引向涨跌幅限制的磁吸效应，并创造了短期的价格动量。Hsieh等（2009）[92]开创性地用Logit回归模型检验了磁吸效应的存在。Tooma（2011）[95]利用埃及证券交易所的股票数据，在1997~2002年实施对称的严格的5%价格限制的那段历史时期，以测试价格限制的磁吸效应，证实了在价格限制严格的市场中存在磁效应。Sifat和Mohamad（2018）[97]用马来西亚证券交易所2015~2017年的日内高频数据，在30%的涨跌幅限制下，通过订单的激进性和价格速度来考察磁吸效应，研究发现大多数股票具有适度的磁吸效应，并且加速的交易活动会增加触及涨跌幅限制的可能性。

表1-1 磁吸效应研究相关的研究成果分类

作者	文章出版年份	研究内容（数据时期）	价格稳定机制类型	磁吸效应是否存在	研究方法
Yang等[88]	2003	Ten Asian Emerging Markets（1995-2001）	涨跌幅限制	存在	误差修正模型

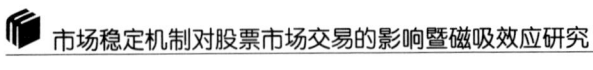

续表

作者	文章出版年份	研究内容（数据时期）	价格稳定机制类型	磁吸效应是否存在	研究方法
Cho 等[89]	2003	Taiwan Stocks（1989-1999）	涨跌幅限制	存在	AR（3）GARCH（2, 2）
Goldstein 和 Kavajecz[69]	2004	NYSE（1997）	熔断	存在	事件分析法
Chan 等[64]	2005	Kuala Lumpur Stocks（1995-1996）	涨跌幅限制	存在	事件分析法
Bildik 和 Gülay[75]	2006	Istanbul Stocks（1998-2002）	涨跌幅限制	存在	事件分析法
Hong 等[90]	2007	NYSE（1965-1999）	涨跌幅限制	存在	无模型检验
Daphne 等[91]	2007	Taiwan Stocks（2002）	涨跌幅限制	存在	Logit 回归
Du 等[91]	2009	Korea Stocks（1998-1999）	涨跌幅限制	存在	时间距离的二次回归模型
Hsieh 等[92]	2009	Taiwan Stocks（2000）	涨跌幅限制	存在	Logit 回归
Wong 等[93]	2009	Shanghai Stocks（2002）	涨跌幅限制	存在	AR（3）GARCH（2, 2）
Tooma[95]	2011	Egypt Stocks（1997-2002）	涨跌幅限制	存在	Logit 回归
Wu 等[96]	2017	Shanghai & Shenzhen Stocks（2000-2011）	涨跌幅限制	存在	多元线性回归模型
Sifat 和 Mohamad[97]	2018	Malaysia Stocks（2015-2017）	涨跌幅限制	存在	非线性自回归分布滞后模型
Sifat 等[43]	2019	Malaysia Stocks（1994-2017）	涨跌幅限制	存在	事件分析法
Wang 等[98]	2019	CSI 300（2015-2016）	熔断+涨跌幅限制	存在	Lasso IV 模型
Jian 等[99]	2020	CSI 300（2015-2016）	熔断	存在	跳转检测模型
Wong 等[100]	2020	Shanghai & Shenzen Stocks（2016）	熔断+涨跌幅限制	存在	AR（3）GARCH（2, 2）
Hou 等[85]	2020	Shanghai Stocks（2006-2016）	熔断+涨跌幅限制	存在	事件分析法
Feng[104]	2002	Chinese Stocks（1995-1997）	涨跌幅限制	不存在	假设检验
Arak 和 Cook[101]	1997	Treasury Bonds Futures（1980-1987）	涨跌幅限制	不存在	线性回归模型
Berkman 和 Steenbeek[102]	1998	Nikkei 225 Index（1992）	涨跌幅限制	不存在	二次回归模型
Hall 和 Kofman[103]	2001	Commodity Futures（1988）	涨跌幅限制	不存在	GARCH（1, 1）

续表

作者	文章出版年份	研究内容（数据时期）	价格稳定机制类型	磁吸效应是否存在	研究方法
Huang 等[76]	2001	Taiwan Stocks（1990—1996）	涨跌幅限制	不存在	事件分析法
Abad 和 Pascual[84]	2007	Spain Stocks（2001—2006）	熔断	不存在	近似不相关回归模型
Kim 等[49]	2013	China Stocks（1997—2000）	涨跌幅限制	不存在	事件分析法
Dabbou[105]	2013	Tunisia Stocks（2007）	涨跌幅限制	不存在	ARIMA
Wan 等[106]	2015	Shanghai & Shenzhen Stocks（2000—2012）	涨跌幅限制	不存在	概率密度函数比较
Danisoglu 和 Güner[107]	2018	Istanbul Stocks（1995—2013）	涨跌幅限制	不存在	倾向性评分匹配
Hao[108]	2016	Chinese Stocks（2016）	熔断+涨跌幅限制	不存在	AR（3）GARCH（1, 1）
Wan 等[109]	2018	China Stocks（2000—2011）	涨跌幅限制	不存在	Logit 回归
Li[110]	2019	Chinese Stocks（2016）	熔断+涨跌幅限制	不存在	假设性检验
Cheng 和 Goo[111]	2006	Taiwan Stocks（1999—2001）	涨跌幅限制	不确定	TFARMA & IVM 模型
Wang 等[112]	2018	Taiwan Stocks（2003—2007）	涨跌幅限制	不确定	假设检验

也有学者认为磁吸效应不存在。Kim 等（2013）[49]用中国股票市场数据，发现价格限制具有提高价格发现效率、增加适度的暂时波动、减少异常交易活动的作用，但是没有发现具有磁吸效应的证据。Wan 等（2015）[106]用上海证券交易所和深圳证券交易所 2000~2011 年股票数据，发现涨跌幅限制具有冷却效应而不具有磁吸效应。还有 Hall 和 Kofman（2001）[103]、Dabbou（2013）[105]、Danısoglu 和 Güner（2018）[107]对股票或期货市场的研究也没有检验出磁吸效应。

还有一些学者认为从实证分析中不能确定磁吸效应是否存在。Cheng 和 Goo（2006）[111]、Wang 等（2018）[112]对台湾股票市场不同时期的数据进行分析，运用 TFARMA 和 IVM 模型，以及假设检验的方法，发现磁吸效应的存在具有不确定性。

从表 1-1 中还可以看出学者们的研究对象大多集中在亚洲新兴市场的股票或期货市场。总而言之，虽然学者们的实证研究结论仍很有争议，会因为选择的市场不同，数据选择的历史时期不同、市场规模不同等因素得到不同的研究结果，但是实证研究为我们提供了丰富的研究方法，如事件分析法、Logit 回归模型、GARCH 模型等。现在，随着高频交易数据的获取更加便捷、计算能力不断提高，学者们对磁吸效应的研究兴趣依然强烈，市场稳定机制的磁吸效应研究仍在继续。

从我们总结市场稳定机制与资产价格、市场稳定机制与交易干扰，以及市场稳定机制与磁吸效应可以看出，目前市场稳定机制的研究结果具有争议性。尽管有三十多年的理论研究和实证研究，但我们对于"限制真的有效吗"这一问题的回答却是"我们仍然不确定"。研究发现市场稳定机制具有很多优点，比如能够使过度活跃的市场"平静"下来，可以缓解严重的市场波动，抑制恐慌情绪，鼓励交易者在市场动荡期间重新评估基本面等。但同时，在价格限制的影响下，可能会阻碍价格发现效率、造成买卖订单的不均衡、具有磁吸效应和波动率溢出效应等缺点。所以，市场稳定机制就像一把双刃剑，一方面在危机时刻能够阻断危机，但另一方面这种阻断的本身可能又是一种新的阻碍。尽管已经有很多证据让人质疑市场稳定机制的合理性，但是综观全球市场，市场稳定机制无处不在。

从监管者的角度来看，市场稳定机制作为一种市场调控手段，毫无疑问是被监管者所青睐的。但是不同的市场采用什么样类型的市场稳定机制，熔断线或涨跌停线设为多少合适，不同时期市场稳定机制是否需要调整、如何调整等问题是监管者需要考虑的。从交易者的角度看，由于市场稳定机制下会有许多的不确定因素，交易者在面对这种不确定时的行为又会反作用于资产价格，这也是对交易者的一种考验，即如何在不确定中寻找机遇。这些问题是当下对于市场稳定机制研究最实际的问题，对于市场稳定机制的影响，我们无法给出一个确切的回答，但我们可以从不确定中寻找机遇。

Leinweber（2017）[113]对于市场稳定机制的总结特别符合这一问题目前的研究现状："批评家称市场稳定机制为创可贴，但就目前而言，创可贴起作用。"

第三节 本书的研究内容和章节安排

在2020年3月世界熔断潮的大背景下，研究市场稳定机制对市场交易的影响具有理论和实际的意义。本书以复杂系统思维为指导，通过多主体模拟和实证研究相结合的方法，探索以涨跌幅限制和熔断机制为代表的市场稳定机制对股票市场交易的影响，旨在重现涨跌停板和熔断事件，研究涨跌停板和熔断下的市场表现，为典型事实提供一个合理的解释。同时，通过多主体模型，能够控制变量，达到事前分析预测的效果，为市场监管者制定监管政策提供建议。

本书首先从股票市场实证分析出发，研究2020年股市下跌背景下的磁吸效应和熔断对市场行为的影响。不同于以往实证研究给出一个磁吸效应存在还是不存在的确切回答，本书通过对磁吸效应发生率和磁吸效应模式的计算，从概率角度给出磁吸效应存在与否的回答。本书还以美国S&P 500指数及其成份股为例，计算了熔断发生前、熔断发生时和熔断发生后市场行情的变化情况，让我们更加充分地了解这种市场范围的交易暂停对金融市场的影响。其次，为研究磁吸效应发生的原因，重现触板事件、探索价格限制的大小和交易者比例的变化对触板事件的影响，本书构建了一个具有涨跌幅限制的单资产股票市场模型，从市场微观结构角度自底向上地对涨跌幅限制的磁吸效应进行研究。涨跌幅限制在我国市场发展早期被频繁地调节，这时市场中出现了一种股指价格沿着涨跌幅限制单边上升或下降的形态，为我们提供了一个很好的自然实验，正好在具有涨跌幅限制的单资产股票市场模型框架的基础上，我们对中国股票市场早期市场价格的单边形态有一个合理的解释。最后，我们将目光转向熔断机制，构建了一个具有熔断机制的多资产股票市场模型，旨在重现个股耦合与股指熔断现象，以及分析在股指熔断下的金融市场行情。

第二章我们以 2020 年股市崩盘为例进行市场稳定机制的实证研究。通过对 2020 年 3 月世界股市下跌背景下的各国股票市场进行实证分析，重点关注磁吸效应和股指熔断下的市场表现。首先，对 2020 年 3 月七个国家股票市场的熔断或涨跌停板事件，利用时间距离的二次函数对熔断或触板前 30 分钟的交易活动进行建模，结果发现大多数的市场在熔断或触及涨跌停板前的一段时间内股票价格都具有磁吸效应。在具有磁吸效应的样本中，研究发现在触板前绝大多数股票的收益率指标和交易者行为一致性指标呈现出显著增加的趋势。其次，以美国 S&P 500 指数及其成份股在 2020 年 3 月，22 个交易日的高频交易数据作为研究对象，采用事件分析法，分析其在熔断前、熔断日以及熔断后整个市场的波动性、流动性、交易者行为趋同性和股票间收益率的相关性等指标，研究结果发现市场的波动率、流动性和交易者行为趋同性指标在熔断日明显高于熔断前和熔断后，而相比熔断前和熔断后，市场中股票间收益率的相关性在熔断日比较低。

第三章我们研究涨跌幅限制的磁吸效应。为了重现第二章实证分析中的磁吸效应发生率、磁吸效应模式，以及给实证研究的现象一个合理的解释，本章建立了一个具有涨跌幅限制的单资产股票市场多主体模型。该模型能够重现股价触板事件和磁吸效应等典型事实，并且模型的磁吸效应发生率和磁吸效应模式等结果能够与实证研究较好地对应。同时，随着接近触板事件的发生，模型更多地出现了收益率指标、交易者行为一致性指标和交易者提交市价单比例指标显著增加的趋势，研究发现交易者行为趋同和交易者迫切地想进行交易的心理是导致磁吸效应发生的重要原因。通过模型的模拟，研究还发现涨跌幅限制的大小和交易者比例的变化会影响触板事件的发生，这对市场监管者制定监管政策、对市场交易者调整投资策略具有重要影响。

第四章我们以中国股票市场频繁调节涨跌幅限制下市场行情的变化为自然实验，研究极端小的涨跌幅限制对股票市场的影响。本章在具有涨跌幅限制的单资产股票市场多主体模型框架的基础上继续进行研究，特别关注极端小的涨跌幅限制对股票市场的影响。中国股票市场在发展早期曾经常调节涨跌幅限制，并且将涨跌幅限制的阈值设置得非常小，这时上证综指指数价格呈现出沿着涨跌幅限制单边上升或下降的趋势，并且价格波动非常小，这为我们提供了一个非常好的自然实验。通过多主体模型，研究结果重现了中国股票市场发展早期股指的单边价格形态，并且发现单边价格形态是买方或卖方主导市场的结果，也就是市场中供给和需求的严重失衡导致的。这是因为当股票价格持续偏离大多数交易者心中的基本值，也就是股票的内在价值时，交易者行为的一致性使交易者做出了相同的买卖决策，造成了单边价格形态的出现。

第五章我们将视野放宽到整个市场，研究熔断机制下的市场行为。在第二章对S&P 500指数实证研究结果的基础上，本章从模型角度构建在多资产情形下，交易者参考股票指数进行决策的股票市场多主体模型，重现股指熔断现象，从交易者行为和股票市场耦合角度解释熔断现象。重点关注熔断发生日和熔断发生前交易者行为、个股走势，以及市场指数的变化情况，具体包括对交易者行为趋同性、交易者提交市价单比例、股票间收益率相关性、熔断时间、市场波动性和流动性的影响。研究发现交易者参考股指强度和熔断线的大小对熔断事件的发生，以及市场行情的走势有重要影响。

第六章是本书的总结和展望，包括对本书全部工作的总结和接下来继续研究的方向。综上，本书的整体框架可以概括为图1-2。

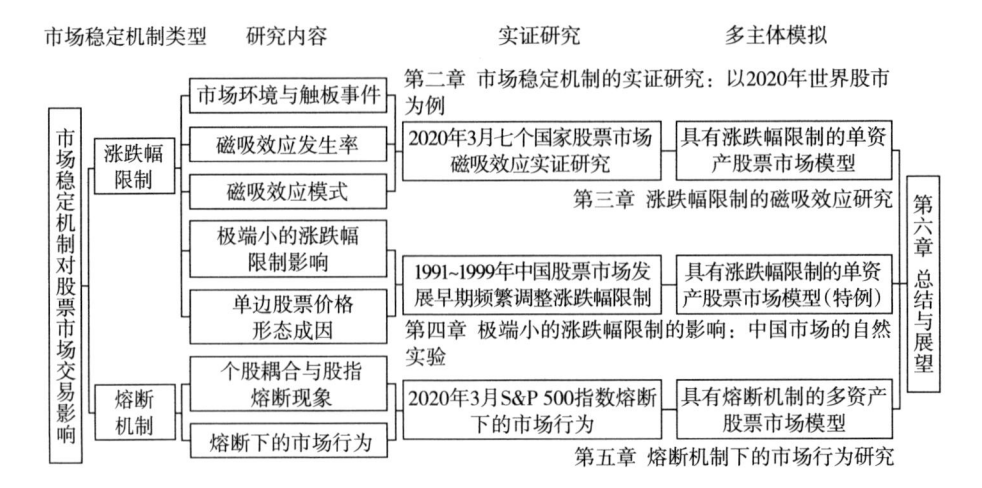

| 市场稳定机制类型 | 研究内容 | 实证研究 | 多主体模拟 |

图 1-2 本书整体框架

第四节 本书的主要创新点和学术贡献

本书的主要创新点和学术贡献主要体现在以下三个方面：

在实证分析方面，本书对 2020 年 3 月世界股市崩跌背景下，七个国家的熔断和涨跌停板事件进行磁吸效应检验，研究发现超过半数的市场在发生熔断或涨跌停板事件时，伴随着 50% 以上的磁吸效应发生率，这说明磁吸效应大概率是存在的。同时，我们以 S&P 500 指数及其成份股在 2020 年 3 月的高频交易数据作为研究对象，采用事件分析法分析其在熔断前、熔断日以及熔断后，整个市场的波动性、流动性、交易者行为趋同性和股票间收益率的相关性等指标，研究发现市场的波动率、流动性和交易者行为趋同性指标在熔断日明显高于熔断前和熔断后，而相比熔断前和熔断后，市场中股票间收益率的相关性在熔断日比较低。接着，本书对中国股票市场发展早期频繁调节涨跌幅限制的历史实证进行分析，研究发现上证综指指数价格呈现出沿着涨跌幅限制单边上升或下降的趋势，并且波动非常小。本书的实证分析从国际熔断大背景和中国市场特有的历史实证出发进行研究，为市场稳定机制的影响研究提供了较新的实证案例。

在理论研究方面，本书分别对涨跌幅限制和熔断机制对股票市场交易的影响进行了研究。对于涨跌幅限制的研究，通过构建一个具有涨跌幅限制的单资产股票市场多主体模型来研究涨跌幅限制下的磁吸效应，该模型能够重现金融市场典型事实、涨跌停板事件和磁吸效应。模型结果印证了实证研究中磁吸效应是大概率发生的，并且随着接近触板事件的发生，收益率指标、交易者行为一致性指标和交易者提交市价单比例指标呈现出显著增加的趋势，研究结果还发现交易者行为趋同和交易者迫切地想进行交易的心理是导致磁吸效应发生的重要原因。在这个模型框架下，我们还进行了极端小的涨跌幅限制对股票市场影响的分析，研究结果重现了中国股票市场发展早期股指价格沿着涨跌幅限制单边上升或下降的价格形态。研究发现单边价格形态是买方或卖方主导市场的结果，也就是市场中供需严重失衡，这是由当股票价格持续偏离大多数交易者心中的基本值，也就是股票的内在价值时，交易者行为的一致性所导致的。对于熔断机制的研究，本书构建了一个具有熔断机制的多资产股票市场多主体模型，研究发现熔断限制越小越容易发生熔断，交易者参考股指决策的强度越大越容易发生熔断。当交易者完全不参考股指进行决策，熔断事件的发生是因为较小的熔断限制所导致交易者行为的趋同及交易者提交市价订单比例的上升，也伴随着较好的市场流动性、较低的股票间收益率相关性。当交易者更多地参考股指进行决策时，熔断事件的发生一方面是由于价格限制的存在，另一方面是由于交易者参考股指所带来的交易行为的趋同，伴随着较低的市场流动性、很强的股票间收益率的相关性、很强的交易者行为趋同性。本书从理论层面，对实证研究中发现的现象——进行重现和解释，通过实证分析与理论研究相结合的方法，进行更加深入的研究。

在政策建议方面，多主体模型能够控制变量，通过调节以涨跌幅限制和熔断机制为代表的市场稳定机制，达到事前分析预测的效果。对于涨跌幅限制，研究发现涨跌幅限制的大小和交易者比例的变化会影响触板事件的发生。严格的涨跌幅限制和趋势交易者比例占优的市场更容易发生涨跌停板事件，特别是短时快速触板事件。对于熔断机制，研究发现熔断限制的大小和交易者参考股指强度会影响熔断事件的发生，熔断限制越小越容易发生熔断，交易者参考股指决策的强度越大越容易发生熔断。这对市场监管者制定监管政策、市场交易者调整交易策略有重要影响。

第二章　市场稳定机制的实证研究：以 2020 年世界股市为例

　　本章通过对 2020 年 3 月世界股市熔断潮大背景下的各国股票市场进行实证分析，重点关注磁吸效应和股指熔断下的市场表现。首先，我们针对 2020 年 3 月七个国家股票市场的熔断或涨跌停板事件，利用时间距离的二次函数对熔断或触板前 30 分钟的交易活动进行建模，结果发现大多数的市场在熔断或涨跌停板前一段时间内股票价格都具有磁吸效应。对具有磁吸效应的样本进行研究发现，在触板前绝大多数股票的收益率指标和交易者行为一致性指标呈现出显著增加的趋势。接着，我们以美国 S&P 500 指数及其成份股在 2020 年 3 月，22 个交易日的高频交易数据作为研究对象，采用事件分析法，分析其在熔断前、熔断日以及熔断后整个市场的波动性、流动性、交易者行为趋同性和股票间收益率的相关性等指标，研究结果发现，市场的波动率、流动性和交易者行为趋同性指标在熔断日明显高于熔断前和熔断后，而相比熔断前和熔断后，市场中股票间收益率的相关性在熔断日比较低。

第一节 前言

2020年1月以来，随着COVID-19疫情在全球范围内暴发，对世界各国和地区的生产生活造成了严重影响，全球金融市场大幅动荡[114]。2020年2月20日开始，美国三大股指经历自2008年金融危机以来最差交易周[115,116]，随后一段时间美国、欧洲、加拿大、韩国和日本等国家和地区股指创下单日最大跌幅。2020年3月9日，国际原油市场油价大跌30%，美国道琼斯指数、S&P 500指数和纳斯达克指数开盘后全线下跌，标普500指数下跌幅度超过7%，触发第一层熔断机制，交易暂停15分钟。美国市场的熔断令全球震惊，因为美国市场上一次，并且是唯一一次触发熔断机制是在1997年10月27日。随后在2020年3月12日，作为2020年股市下跌更大的一部分，美国股市继续熔断，三大股指跌幅超9%，这是自"黑色星期一"以来股指单日最大跌幅，并且当日至少有11个国家或地区的股市发生熔断[117]。

表2-1展示了2020年3月世界各国熔断事件。这一个月可以说是见证了历史，美国市场自1988年开始实施熔断机制，直到1997年10月27日美股才触发历史上的第一次熔断，1997年的这次熔断是在亚洲金融危机大背景下触发的。2020年3月我们则见证了美股的四次熔断，分别在3月9日、3月12日、3月16日和3月18日，由此可见2020年的股市熔断潮影响之深远、强度之大。巴西是这次世界熔断潮中熔断次数最多的国家，八天之内发生了六次熔断。菲律宾成为第一个因疫情而关闭股市的国家，然而闭市两天对阻止股价下跌几乎没有效果，3月19日开市后又发生了熔断。泰国更是因为多次熔断而调整了熔断限制，将首次熔断触发水平从10%调整至8%。从表2-1中可以看出，熔断机制还是被世

界上的大多数国家所采纳的,经过多年的发展,各个国家在实施熔断机制时,大多采用多档渐进式百分比熔断,并且熔断线至少有两个梯度。第一个梯度起到缓冲和冷静的作用,一般触及第一个梯度的交易暂停,只要不是接近收盘时间,交易都是可以恢复的。触及越大幅度的限制交易暂停的时间越长,多梯度的设定可以根据崩跌的大小设定不同的解决措施。其实熔断机制一般不会被触发,像2020年3月这样世界范围内的大规模熔断是历史上罕见的金融事件。

表2-1 2020年3月世界各国熔断事件统计

国家	熔断线	熔断标的指数	熔断时间
美国	7%、13%、20%	S&P 500	3月9日、3月12日、3月16日、3月18日
加拿大	7%、13%、20%	S&P/TSX	3月9日、3月12日
墨西哥	7%、15%	MEXBOL	3月12日、3月17日
巴西	10%、15%、20%	IBOV	3月9日、3月12日、3月16日、3月18日
哥伦比亚	10%、15%	BVC	3月12日
菲律宾	10%	PSE	3月12日、3月13日、3月19日
韩国	8%、15%、20%	KOSPI	3月12日、3月13日、3月24日
泰国	8%(10%)、20%	SET	3月12日、3月13日、3月23日
印度尼西亚	5%、10%、15%	IDX	3月12日、3月13日、3月23日、3月30日
印度	10%、15%、20%	NIFTY 50	3月12日、3月13日、3月23日

对于市场稳定机制的磁吸效应,在本书第一章已经做了充分的实证研究,结果发现无论是涨跌幅限制还是熔断机制,实证研究中对于磁吸效应是否存在并没有一个定论。有的学者认为磁吸效应存在,有的学者认为磁吸效应不存在,甚至在同一数据样本下还有完全不同的研究结果。例如对中国市场2016年1月熔断的实证研究,2016年中国A股开市第一周就上演震撼行情,两次熔断休市,千股跌停,而在当时推出的熔断机制很可能就是触发当周市场暴跌的重要因素。Jian等(2020)[99]对2016年中国股市的熔断进行分析,发现了股票价格在接近价格限制时有加速运动的趋势,支持磁吸效应。但是Li(2019)[110]对2016年中国市场实施熔断机制的必要性进行研究,和Wong等(2009)[94]、Jian等

(2020)[99]选取相同的实证数据,研究结果发现熔断线不容易接近,并且在熔断限制的两个阈值之间没有磁吸效应。在实证研究中,学者们往往追求给出一个磁吸效应存在与否的最终结果,或者说要给出在特定的市场、特定的历史时期,对磁吸效应检验的最终判定结果。

有学者发现不同行业的股票在面对熔断时所呈现的特点是不同的。Mazur等(2021)[115]对美国S&P 1500指数在2020年3月9日、12日和16日的三次熔断进行分析,天然气、食品、医疗保健和软件类股票的正收益率很高,而石油、房地产、娱乐和酒店业的股票价值却大幅下跌,而且亏损股票表现出极端的非对称波动性,与股票收益负相关。Zhou等(2020)[118]对中国2016年实施熔断机制的历史实证进行分析,采用断点回归的方法研究CSI 300能源指数在熔断前后波动率的变化情况,实证结果表明CSI 300能源指数在熔断后的波动性较大,说明熔断机制对我国能源行业并没有起到稳定市场的作用。

还有学者认为,熔断对市场流动性和波动性有重要影响。Xu等(2018)[119]提出了一个非流动性动态的乘性误差模型——MEM模型,研究了近几年金融危机期间和之后,八个发达国家股票市场的流动性和波动性溢出效应,发现股票市场在波动性和流动性方面是相互依存的,大多数市场在危机期间表现出波动性和非流动性溢出效应增强。此外,他们还发现美国市场在危机中表现出流动性不足的特点。Hou等(2020)[85]用事件分析法和GARCH(2,2)模型对2016年中国市场熔断事件的日间影响和日内影响做了检验,发现涨跌幅限制和熔断机制在上海股市具有显著的波动溢出效应、交易干扰效应和价格发现的延迟效应。Wang等(2019)[98]使用2015~2016年CSI 300指数的高频交易和限价订单数据以及Lasso IV模型来分析内在的市场微观结构变量和外在的政策变量。实证结果表明,熔断机制的存在使股票收益率加速运动、买卖订单不平衡以及报价不平衡,造成市场的流动性缺失。Switzer等(2020)[120]着眼于多伦多证交所自2012年2月开始实施单一股票熔断规则以来交易的所有股票,研究结果表明个股熔断规则没有产生价格发现的延迟效应并且市场的流动性也没有下降。同时他们还利用建立在5分钟交易间隔的高频数据改进了每日结果，结果表明实现波动的冲击主要集中在交易暂停前10分钟的间隔内。

虽然以往的实证研究为我们提供了丰富的研究样本，但是2020年3月世界股市大崩盘的实证数据较新，还没有很多的学者对其进行过研究。我们通过Bloomberg金融数据平台获得了这段历史时期高频交易数据，为实证研究补充新的研究案例。从个股角度，我们分析在熔断或涨跌停板事件发生时，磁吸效应是否存在。从整个市场行情角度，我们分析针对股指的市场范围的交易暂停对整个市场行为的影响。

本章剩余部分的结构如下：在第二节中，以2020年3月世界范围内的市场熔断或触板事件为例进行实证分析，展示磁吸效应的实证研究，包括磁吸效应发生率、磁吸效应模式的计算。第三节研究股指熔断下的市场表现，以S&P 500指数及其成分股为例，分析熔断前、熔断时和熔断后金融市场行情的走势。第四节为本章小结。

第二节 磁吸效应的实证研究

2020年3月世界熔断潮大背景下，无论是实施涨跌幅限制还是实施熔断机制的市场均受到了冲击，发生了大量熔断和涨跌停板事件。那么在由于熔断或涨跌停板而产生的触板事件发生前的一段时间内，个股的市场微观结构变量包括收益率、成交量、波动率、订单流等指标是如何变化的，以及触板事件的发生会不会引发磁吸效应？通过本节的研究，我们将一一探索这些问题。在本节的数据选择中，既有熔断事件，也有涨跌停板事件，这是因为当我们只考虑触板前一段时间个股市场微观结构变量的变化情况时，涨跌幅限制和熔断机制对市场约束的机制没有差别,所以我们对熔断和涨跌幅限制的样本都进行了研究。

一、实证数据

本章的研究数据选取自 2020 年 3 月世界七个国家股票市场的熔断或涨跌停板事件。从熔断样本看,选取了美国、韩国、巴西、印度、菲律宾和墨西哥这六个国家的市场在 2020 年 3 月发生的熔断事件,熔断发生时间、熔断参考的股指标的以及熔断线大小如表 2-2 所示。

表 2-2 2020 年 3 月的熔断事件和涨跌停板事件样本

市场	时间	指数标的	成份股数量	价格限制	断路器类型
美国	2020 年 3 月 18 日	S&P 500	505	±7%, ±13%, ±20%	熔断
韩国	2020 年 3 月 13 日	KOSPI	783	±8%, ±15%, ±20%	熔断
韩国	2020 年 3 月 19 日	KOSPI	783	±8%, ±15%, ±21%	熔断
巴西	2020 年 3 月 11 日	IBOV	77	±10%, ±15%, ±20%	熔断
巴西	2020 年 3 月 18 日	IBOV	77	±10%, ±15%, ±20%	熔断
印度	2020 年 3 月 23 日	BSE SENSEX 30	30	±10%, ±15%, ±20%	熔断
印度	2020 年 3 月 23 日	NIFTY 50	50	±10%, ±15%, ±20%	熔断
菲律宾	2020 年 3 月 12 日	PSEI	30	±10%	熔断
墨西哥	2020 年 3 月 12 日	MEXBOL	35	±7%, ±15%	熔断
中国	2020 年 3 月	CSI300	300	±10%	涨跌幅

对于美国市场,选取 S&P 500 指数 505 只成份股在 2020 年 3 月 18 日的 5 分钟交易数据。对于韩国市场,选取韩国综合股指 KOSPI 的 783 只成份股在 2020 年 3 月 13 日和 3 月 19 日的 5 分钟交易数据。对于巴西市场,选取圣保罗证券交易所 IBOV 指数的 77 只成份股在 2020 年 3 月 11 日和 3 月 18 日的 5 分钟交易数据。对于印度市场,分别选取印度孟买 BSE SENSEX 30 指数的 30 只成份股和印度国家证券交易所 NIFTY 50 指数的 50 只成份股在 2020 年 3 月 23 日的 5 分钟交

易数据。对于菲律宾和墨西哥市场,选取菲律宾证券交易所 PSEI 指数的 30 只成份股和墨西哥证券交易所 MEXBOL 指数的 35 只成份股在 2020 年 3 月 12 日的 5 分钟交易数据。从涨跌幅限制导致涨跌停板样本看,我们选取中国市场沪深 300 指数 300 只成份股在 2020 年 3 月 1 日至 31 日的 5 分钟交易数据。对于所有市场的所有成份股,其交易数据都包含成交价、成交量以及买单簿和卖单簿的所有交易信息。所有的数据均来自 Bloomberg 数据库。因为本章重点关注在触板事件发生前一段时间市场微观变量指标的变化情况,所以在实证数据的选择中并不考虑开盘即触板的事件,本章选择的所有熔断事件和涨跌停板事件都能保证开盘时间距离触板事件发生的时间大于 30 分钟。

二、磁吸效应检验

受 2009 年 Du 等[91]对韩国市场磁吸效应研究启发,本章用基于股价变动速度的二次回归模型,使用时间距离作为自变量,市场微观结构变量作为因变量,用二次函数对触板发生前的交易活动进行建模:

$$\Pi_{\tau,t,j} = \alpha + \beta \chi_{\tau,t,j} + \gamma \chi_{\tau,t,j}^2 + \varepsilon_{\tau,t,j} \tag{2-1}$$

其中,$\chi_{\tau,t,j}$ 表示时间距离,$\Pi_{\tau,t,j}$ 表示市场微观结构变量。$\chi_{\tau,t,j}$ 的取值范围为 1~6,分别表示触板前 30 分钟的各个时间段,$\chi_{\tau,t,j}=1$ 表示触板前 30 分钟到 25 分钟,$\chi_{\tau,t,j}=2$ 表示触板前 25 分钟到 20 分钟,……,$\chi_{\tau,t,j}=6$ 表示触板前第 5 分钟至触板时刻的时间段。τ,t,j 分别表示日内时间间隔、交易日、个股。市场微观结构变量 $\Pi_{\tau,t,j}$ 包含 4 个指标,即收益率、成交量、订单流和波动率。收益率指标是计算触板发生前每个时间间隔 $\chi_{\tau,t,j}$ 的收益率,收益率的计算公式为式(2-2):

$$r_{\tau,t,j} = \ln\left(\frac{p_{\tau,t,j}}{p_{t-1}^{close}}\right) \tag{2-2}$$

成交量指标 $Q_{\tau,t,j}$ 是计算触板事件发生前每个 $\chi_{\tau,t,j}$ 的成交量，即实际成交的股票数量。订单流指标 $D_{\tau,t,j}$ 用来衡量交易者行为的一致性，计算公式为式（2-3）：

$$D_{\tau,t,j} = \left| \frac{order^+_{\tau,t,j} - order^-_{\tau,t,j}}{order^+_{\tau,t,j} + order^-_{\tau,t,j}} \right| \tag{2-3}$$

其中，$order^+_{\tau,t,j}$ 表示在交易日 t、时间 τ 内对于股票 j 交易者提交的委托买单数量，$order^-_{\tau,t,j}$ 则表示交易者提交的委托卖单数量。

波动率指标 $V_{\tau,t,j}$ 是通过触板事件发生前每个 $\chi_{\tau,t,j}$ 最高成交价减去最低成交价计算得出。

首先，通过四个重要的市场微观变量指标在触板事件发生 30 分钟内的变化情况来检验磁吸效应。从定量的角度，在式（2-1）所展示的一元二次方程中，二次项系数 γ 代表股价变动的加速度，如果 γ 显著大于 0，则说明随着股价接近触板时刻，其运动速度是显著加快的。因此，用收益率指标的二次项系数的符号作为判断磁吸效应是否存在的依据。如果收益率指标的二次项系数 γ 显著大于 0，则意味着股票价格在触板前一段时间内的运动速度显著加快，即从股价变动速度的角度支持磁吸效应存在；同时，也说明随着接近触板时刻，股票价格的运动速度显著提高，支持磁吸效应存在[121]。表 2-3 展示了七个市场 10 次熔断或涨跌停板事件，计算了各个市场熔断或触板事件的样本数、磁吸效应出现次数，以及磁吸效应发生率。其中，2020 年 3 月 18 日，S&P 500 指数 505 只成份股中有 4 只暂停交易或数据缺失，所以其熔断样本数有 501 只。2020 年 3 月 13 日和 3 月 19 日 KOSPI 指数分别有 751 只和 752 只成份股符合熔断条件。CSI 300 指数 300 只成份股中有 56 只股票总共发生 107 次涨跌停板事件，其中涨停板 76 次，跌停板 31 次。表格中磁吸效应发生次数就是总触板事件中收益率指标的二次项系数 γ 显著大于 0 的样本数量。磁吸效应发生率的计算方法是看具有磁吸效应的样本数占总触板样本数的比例，实验结果显示超过半数的市场都伴随着 50% 以上的磁吸效应发生率，如美国、韩国、巴西、中国市场。研究结果说明在触板事件发生时，市场确实常常会伴随着磁吸效应的发生。

接下来，我们对磁吸效应进行模式分析。Du 等（2009）[91] 对市场微观变量指标的计算方法是将所有成份股的各指标变量取平均值来代表整个市场的特征。与取平均的计算方法不同，我们将每只股票视为一个个体，根据每只股票各指标的走势对个股进行分类。在收益率指标二次项系数 γ 显著大于 0 的情况下，也就是表2-3 中出现磁吸效应的样本中，根据剩下三个市场微观变量指标，即成交量、订单流和波动率的二次项系数 γ 的正负组合，可以将磁吸效应样本分成 8 个类型，分别是：Type 1、Type 2、Type 3、Type 4、Type 5、Type 6、Type 7 和 Type 8。表 2-4 展示了 8 种磁吸效应类型以及各市场磁吸效应类型比例和按照比例排序的结果。表格中的"+"表示该指标二次项系数 γ 显著大于 0，"-"表示该指标二次项系数 γ 显著小于 0。这样改进的原因就是想更直观地展示各种磁吸效应类型的情况，为各个市场提供政策调整的依据，为交易者提供交易决策的参考。不同的市场环境、不同的市场规模、不同的交易政策下市场磁吸效应表现类型也是不同的。整体来看，市场中最常出现的磁吸效应类型是 Type 1，也就是随着触板事件的发生，收益率指标和交易者行为一致性指标呈现出显著增加的趋

表2-3 熔断和触板事件样本和磁吸效应发生率

熔断或触板事件	2020年3月18日	2020年3月13日	2020年3月19日	2020年3月11日	2020年3月18日	2020年3月23日	2020年3月23日	2020年3月12日	2020年3月12日	2020年3月CSI300	
	S&P 500	KOSPI	KOSPI	IBOV	IBOV	BSE	NIFTY	PSEI	MEXBOL	涨停	跌停
熔断或触板样本数	501	751	752	77	77	30	50	30	35	76	31
磁吸效应出现次数	262	452	620	70	33	10	19	13	11	65	21
磁吸效应发生率	52.30%	60.19%	82.45%	90.91%	42.86%	33.33%	38.00%	43.33%	31.43%	85.52%	67.74%

表2-4　8种磁吸效应类型以及各市场磁吸效应类型比例和按照比例排序的结果

磁吸类型	收益率	成交量	订单流	波动率	2020年3月18日 S&P 500	2020年3月13日 KOSPI	2020年3月19日 KOSPI	2020年3月11日 IBOV	2020年3月18日 IBOV	2020年3月23日 BSE	2020年3月23日 NIFTY	2020年3月12日 PSEI	2020年3月12日 MEXBOL	2020年3月 CSI300 涨停	2020年3月 CSI300 跌停
Type 1	+	−	+	−	1 (33.59%)	2 (17.26%)	1 (21.29%)	5 (7.14%)	1 (30.31%)	8 (0.00%)	2 (26.32%)	1 (23.08%)	2 (18.18%)	6 (1.54%)	6 (0.00%)
Type 2	+	+	+	−	5 (8.78%)	5 (10.62%)	5 (11.29%)	7 (1.43%)	3 (15.15%)	4 (10.00%)	7 (0.00%)	5 (7.69%)	4 (9.09%)	3 (7.69%)	3 (14.29%)
Type 3	+	−	−	+	2 (19.47%)	3 (15.71%)	2 (17.74%)	5 (7.14%)	2 (21.21%)	4 (10.00%)	5 (5.26%)	5 (7.69%)	4 (9.09%)	7 (0.00%)	6 (0.00%)
Type 4	+	+	−	+	6 (8.02%)	4 (15.04%)	3 (12.10%)	3 (14.29%)	7 (3.03%)	1 (20.00%)	1 (31.58%)	1 (23.08%)	2 (18.18%)	2 (38.46%)	1 (42.86%)
Type 5	+	+	+	+	4 (9.92%)	1 (18.14%)	5 (11.29%)	1 (28.57%)	7 (3.03%)	1 (20.00%)	4 (10.53%)	5 (7.69%)	1 (45.46%)	1 (46.15%)	2 (28.57%)
Type 6	+	−	−	+	8 (4.20%)	8 (5.97%)	7 (8.39%)	4 (12.86%)	5 (9.09%)	4 (10.00%)	5 (5.26%)	3 (15.38%)	6 (0.00%)	4 (3.08%)	6 (0.00%)
Type 7	+	−	+	+	3 (11.07%)	7 (8.19%)	8 (6.45%)	2 (27.14%)	4 (12.12%)	4 (10.00%)	3 (21.05%)	3 (15.38%)	6 (0.00%)	7 (0.00%)	5 (0.47%)
Type 8	+	+	−	−	7 (4.96%)	6 (9.07%)	4 (11.45%)	7 (1.43%)	6 (6.06%)	1 (20.00%)	7 (0.00%)	8 (0.00%)	6 (0.00%)	4 (3.08%)	4 (9.52%)

势，而成交量和波动率指标呈现出减少的趋势。尤其是在成份股数量比较多的美国和韩国市场，3月18日美国市场Type 1类型占比33.59%，3月19日的韩国市场Type 1类型占比21.29%，还有3月18日的巴西市场和3月12日的菲律宾市场，Type 1都是排名在第一位，是出现次数最多的类型。另一种比较常出现的磁吸效应类型是Type 5，像3月的中国市场、3月13日的韩国市场等，这种类型也是2009年Du等[91]对韩国市场成份股取平均值得到的结果，所有指标都呈现出随着接近触板事件的发生而加速上升的运动趋势。Type 1和Type 5的共同点是随着接近触板事件的发生，会伴收益率的加速运动以及交易者行为趋同的上升，这与Wang等（2019）[98]和Wong等（2020）[100]的研究一致。

第三节 熔断下的市场行情

上一节分析了个股的磁吸效应，本节我们将目光转向熔断，也就是针对股指的市场范围的交易暂停。本节我们以S&P 500指数及其成分股为例，分析其在2020年3月2~31日，这22个交易日的市场走势情况。其中，这22个交易日内包含了四次熔断事件，我们旨在分析熔断前、熔断日和熔断后市场走势的变化情况。

首先我们回顾一下美国市场熔断机制调整历史。1987年10月19日，著名的黑色星期一，美国道琼斯工业平均指数下跌了508.32点，跌幅达22.6%，这次崩盘是世界金融史上史无前例的事件[122]。道琼斯工业平均指数（DJIA）之前的一次最大幅度下跌是在1929年10月28日，指数价格一天内下跌了12.8%。1987年的股灾引发了市场恐慌，市场监管者意识到有必要在美国市场引入以熔断机制为代表的市场稳定机制。在随后的1988年10月20日，纽约证券交易所

80B条约正式生效,以道琼斯工业平均指数涨跌作为熔断标的的熔断机制正式启用,表2-5展示了美国熔断机制变迁史[123-126]。我们可以看到,美国市场这些年来在不断调节熔断机制,从之前的固定点数熔断到现在的百分比熔断,从之前的两档熔断到现在的三档熔断,熔断后交易暂停时间的设置也随熔断档位的变化而改进,这些都充分反映出监管机构在不同的历史时期,针对不同的历史事件,会不断调整监管机制。

表2-5 美国熔断机制调整历史

时间	熔断标的	熔断档位及执行规则
1988年10月20日	DJIA	Ⅰ.指数下跌250点,市场暂停1小时 Ⅱ.指数下跌400点,市场暂停2小时
1996年7月22日	DJIA	Ⅰ.指数下跌250点,市场暂停30分钟 Ⅱ.指数下跌400点,市场暂停1小时
1997年2月3日	DJIA	Ⅰ.指数下跌350点,市场暂停30分钟 Ⅱ.指数下跌550点,市场暂停1小时
1998年4月15日	DJIA	Ⅰ.若指数比前一天收盘价下跌10%,交易将暂停1小时 Ⅱ.若指数比前一天收盘价下跌20%,交易将暂停2小时 若指数比前一天收盘价下跌30%,当即收盘
2013年4月8日	S&P 500	Ⅰ.若指数比前一天收盘价下跌7%,交易将暂停15分钟 Ⅱ.若指数比前一天收盘价下跌13%,交易将暂停15分钟 Ⅲ.若指数比前一天收盘价下跌20%,当即收盘

虽然美国市场的熔断政策在不断调整,但是真正触发熔断机制的事件在历史上总共有五次。表2-6展示的是美国历史上五次熔断事件。第一次熔断是在1997年亚洲危机的大背景下,道琼斯工业平均指数在10月27日两次触及熔断档位,发生熔断,另外四次熔断都发生在2020年3月。2020年3月的这四次崩盘除了疫情的影响,还与油价的暴跌、美国限制申根国家旅客进入、交易者对市场前景担忧等多重因素的共同影响有关。

表 2-6 美国历史上五次熔断事件

时间	熔断时间	熔断标的	熔断措施	触发熔断的外因
1997年10月27日	1:36 PM 2:35 PM	DJIA	下跌350点熔断，交易暂停30分钟； 下跌550点熔断，交易暂停1小时；	亚洲股市崩盘
2020年3月9日	8:34 AM	S&P 500	7%熔断，交易暂停15分钟	油价暴跌、新冠疫情影响、市场前景堪忧，多重因素影响，继续下行
2020年3月12日	8:36 AM	S&P 500	7%熔断，交易暂停15分钟	
2020年3月16日	8:31 AM	S&P 500	7%熔断，交易暂停15分钟	
2020年3月18日	11:56 AM	S&P 500	7%熔断，交易暂停15分钟	

一、实证数据

美国市场的多次熔断为我们提供了丰富的研究样本，于是我们选择S&P 500指数505只成分股在2020年3月2~31日，共22个交易日的日内1分钟高频交易数据。数据来自Bloomberg平台，数据包括S&P 500指数日内1分钟的高价、低价、收盘价、成交量等信息，以及505只成分股的买单簿、卖单簿和成交簿的所有交易信息，包括委托买单数量、委托卖单数量，以及买单簿和卖单簿的委托提单价格信息。这22个交易日共包含四次熔断事件，是史无前例的一个月。

图2-1（a）展示了S&P 500指数价格自2020年3月2~31日的日收盘价图。图中标出的实心点即为熔断日股指收盘价。S&P 500指数价格由2020年3月2日的3090.23点下降到3月31日的2584.59点，其中3月23日收于2237.4点，是当月指数价格的最低点，800多点的下降幅度给市场带来了巨大震荡。

为了更直观地展示熔断事件的发生，图2-1（b）~图2-1（e）分别展示了S&P 500指数价格在四次熔断日，即3月9日、3月12日、3月16日和3月18日的日内股指价格走势。结合表2-6我们发现2020年的前三次熔断都是在开盘10分钟内就触及了第一层熔断。3月16日S&P 500指数甚至在开盘后一分钟就发生了熔断，这种短时间快速的熔断让人措手不及，并且在交易恢复后指数价格继续下降，下降到近2400点，可见交易者对于市场未来的预期非常不乐观。3月18日，美国市场在3月的第四次熔断发生在11:56，是盘中熔断。这四次熔断都仅仅触及了第一层熔断限制，交易暂停15分钟后随即恢复。与前面的研究不同，本节我们不仅关注熔断日，也关注熔断日前后的变化。另外，在本节的分析中我们更关注熔断所带来的市场行情和交易者整体行为的改变，而非专注于个股的研究。

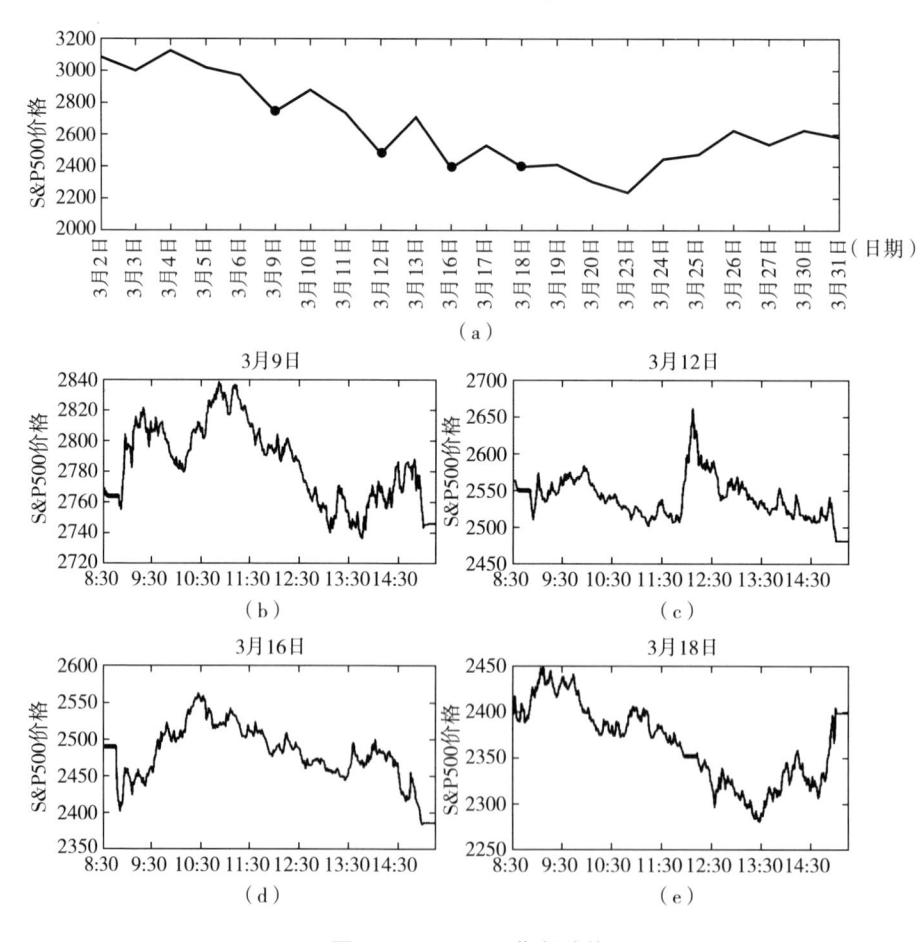

图 2-1 S&P 500 指数价格

注：(a) S&P 500 指数价格自 2020 年 3 月 2 日至 2020 年 3 月 31 日收盘价；(b) S&P 500 指数 3 月 9 日内 1 分钟价格；(c) S&P 500 指数 3 月 12 日内 1 分钟价格；(d) S&P 500 指数 3 月 16 日内 1 分钟价格；(e) S&P 500 指数 3 月 18 日内 1 分钟价格。

二、熔断与市场行情

本节以 2020 年 3 月包括熔断日在内的 22 个交易日为实证样本，计算在熔断发生日、熔断发生前和熔断发生后，市场波动性、市场流动性、股票间收益率相关性和交易者行为趋同性指标的变化情况。我们希望对每个交易日内同一段时间市场指标数据进行横向比较，所以对每个交易日截取的分析时间均为芝加哥时间 9:00~11:56。没有选择开盘时间 8:30 作为分析的开始时间，是因为资产价格在开盘时往往会有较大的波动，所以从 9:00 开始计算，这样 3 月 9 日、12 日和 16 日的开盘熔断期都被去掉了。截取时间的结束为 11:56 是因为 3 月 18 日的熔断是在 11:56。这样选取后，根据事件分析法，将 2020 年 3 月 18 日作为熔断事件发生日，3 月 2~17 日为熔断发生前样本，3 月 19~31 日为熔断发生后样本。对于 S&P 500 指数 505 只成分股，由于有些成分股在样本期内有停盘，最后有 473 只成分股符合研究条件，在样本期内的交易都完整。

首先计算市场波动率指标，市场波动率指标 V_t 的计算方法是计算截取时间段内 S&P 500 指数收益率的标准差作为市场波动性的衡量：

$$V_t = \sqrt{\frac{1}{K-1}\sum_{\tau=1}^{K}(r_{\tau,t}-\bar{r})^2} \tag{2-4}$$

其中，$r_{\tau,t}$ 表示 S&P 500 指数 1 分钟股指收益率。K 表示芝加哥时间 9:00~11:56 这 177 分钟，$\bar{r}$ 表示股指收益率的平均值。图 2-2（a）展示了 3 月 18 日熔断发生前、熔断发生日和熔断发生后市场波动性的变化。这里我们计算了两个时间尺度，一个是每日的 9:00~11:56，另外一个是整个交易日内股指价格的波动率。从结果可以看出，从整个交易日的时间尺度看，3 月 18 日熔断日市场波动率最高，但从熔断前的时间尺度看，熔断日的波动性并不是最高的，这说明波动率在熔断后的当天就有溢出效应。对于 3 月 18 日之前的三次熔断，也就是图中三角点标注的交易日，市场波动率在熔断日也有上升的趋势。所以，从整体看，熔断日的市场波动率要高于熔断前和熔断后。

其次我们计算市场流动性指标，市场流动指标 Q_t 是计算每个交易日内，S&P 500 指数成分股成交量的加总作为当日市场流动性的计算，计算公式为式（2-5）：

$$Q_t = \sum_{j=1}^{M} \sum_{\tau=1}^{K} Q_{\tau,t,j} \tag{2-5}$$

其中，$Q_{\tau,t,j}$ 表示 S&P 500 指数成分股 1 分钟成交量数据。从图 2-2（b）的实验结果看，在熔断日市场流动性较高，整体上都高于熔断后，而熔断前的流动性较高的点正好与另外三次熔断时间（3月9日、3月12日、3月16日）相对应，这说明在美国市场的这四次熔断期内都伴随着较好的市场流动性。

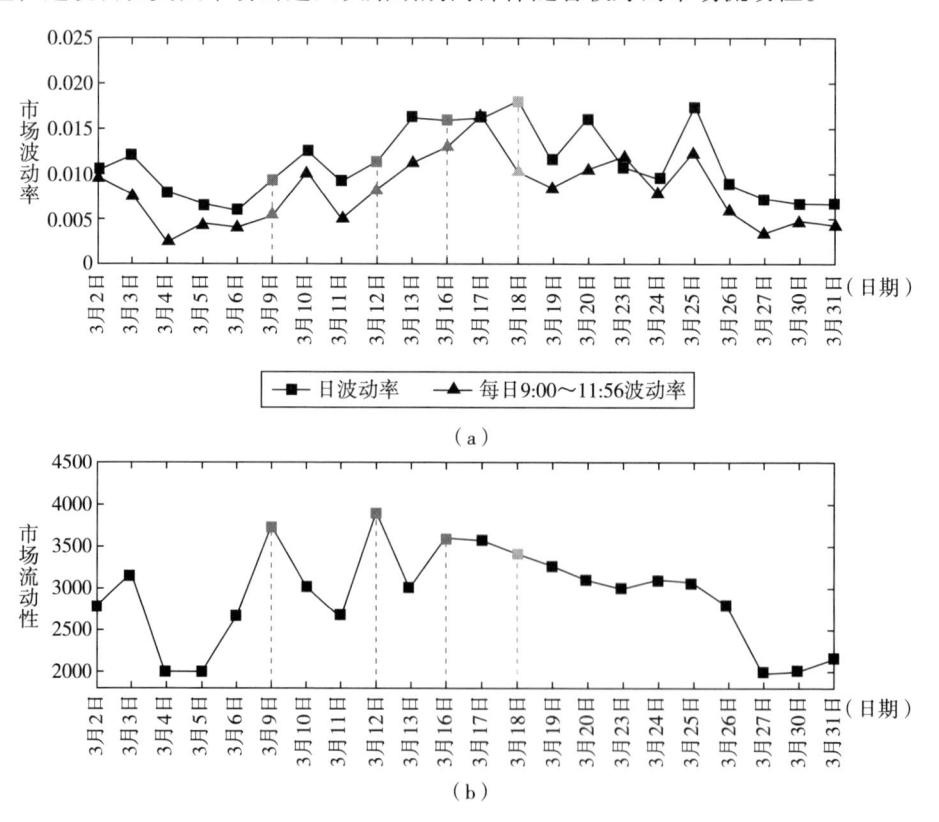

图 2-2 熔断与市场波动性和市场流动性

注：(a) 熔断前、熔断日和熔断后，市场波动率变化；(b) 熔断前、熔断日和熔断后，市场流动性变化。

对于股票间收益率相关性指标 ρ_t 的计算，我们用日内个股之间收益率相关系数的平均值来衡量：

$$\rho_t = \frac{1}{M(M-1)} \sum_{i \neq j=1}^{M} \rho_{ij} \tag{2-6}$$

其中，ρ_{ij} 代表股票 i 和股票 j 的收益率的皮尔逊相关系数。图 2-3（a）展示了熔断与股票间收益率相关性，研究结果发现熔断日股票间收益率相关性均比较低，而非熔断日的相关性比较高。这一规律与熔断日起恰好对应起来，几个熔断日的股票间收益率相关性较低。这也反映了在熔断发生时，有些个股反而会逆势上涨，这会降低股票间收益率相关性。就像美国这次几熔断中，石油业、房地产、酒店业的股票大幅下跌，但天然气、食品、医疗保健和软件类股票的正收益率很高，这说明在股市大幅下跌时也是有上涨机会存在的。

交易者行为趋同性指标 $D_{\tau,t}$ 是计算每个交易日内买卖订单平衡性的指标，计算方式如式（2-7）所示：

$$D_{\tau,t} = \frac{1}{M} \sum_{j=1}^{M} \left| \frac{order_{\tau,t,j}^{+} - order_{\tau,t,j}^{-}}{order_{\tau,t,j}^{+} + order_{\tau,t,j}^{-}} \right| \tag{2-7}$$

其中，$order_{\tau,t,j}^{+}$ 表示在交易日 t，时间 τ 内个股 j 的委托买单数量，$order_{\tau,t,j}^{-}$ 则表示委托卖单数量。每个交易日的 $D_{\tau,t}$ 是一个时间序列，表示截取时间内交易者行为的走势情况。图 2-3（b）展示了熔断前后交易者行为趋同度的变化。由于 22 天的曲线比较多，所以我们就选择了熔断日和熔断日前后两天的日内交易者行为趋同性指标进行展示。虚线表示熔断前和熔断后的交易日，深灰色线表示熔断日的交易者行为趋同度。实验结果发现，在熔断日，在快接近熔断时间时，市场中交易者行为趋同性有明显的上升，熔断前和熔断后的交易日均没有这个规律。说明交易者行为趋同性会促进熔断事件的发生。

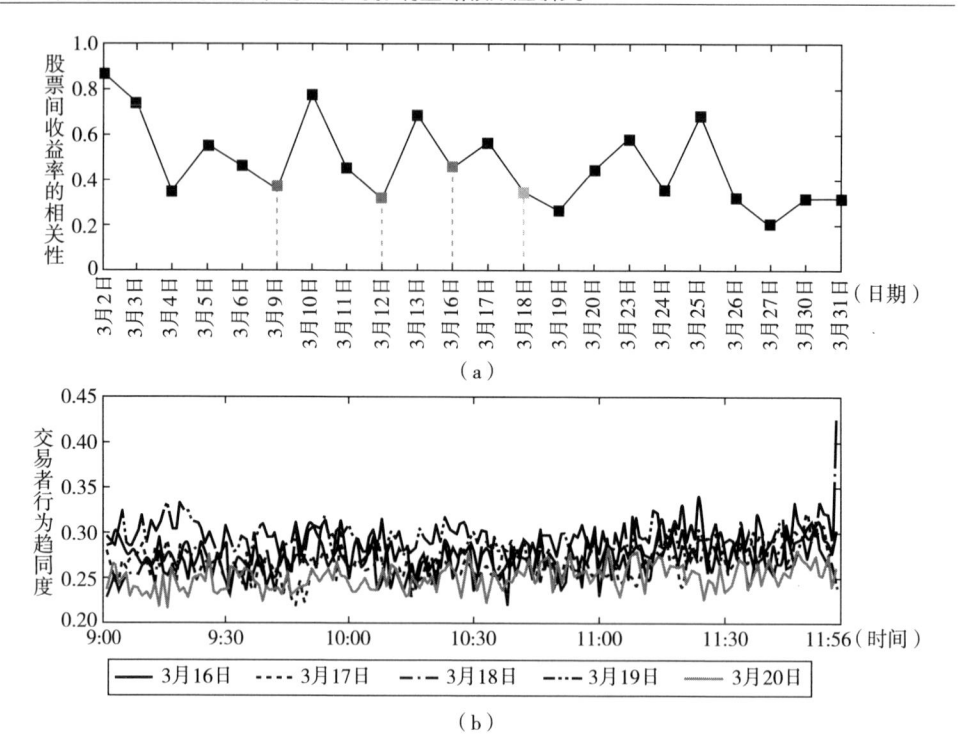

图 2-3　熔断与股票间收益率相关性和交易者行为趋同性

注：(a) 熔断前、熔断日和熔断后，股票间收益率的相关性；(b) 熔断前、熔断日和熔断后，交易者行为趋同性。

第四节　本章小结

本章通过对 2020 年 3 月世界股市崩盘背景下的各国股市行情，从个股的磁吸效应和熔断与市场行情两个角度进行研究，为市场稳定机制研究提供了新的研究案例。

首先，我们借鉴并改进了 2009 年 Du 等[91]提出的基于时间距离的二次函数对磁吸效应进行检验,从磁吸效应发生概率的角度解释磁吸效应。通过对七个国家金融市场的 10 次触板事件进行分析,结果发现超过半数的市场都伴随着 50% 以上的磁吸效应发生率,这说明在发生熔断或涨跌停板事件时,磁吸效应大概率会发生。同时我们还展示了磁吸效应存在的前提下,更多地会伴随什么样的市场微观变量指标的变化。实验结果发现随着接近触板事件的发生,收益率指标和交易者行为一致性指标呈现出显著增加的趋势,而成交量和波动率指标呈现出减少趋势的 Type 1 类型和所有指标都加速上升的 Type 5 类型是市场中出现较多的磁吸效应模式类型。按照市场微观变量指标的二次项系数对磁吸效应样本进行分类也是更直观地展示磁吸效应的方式,依然是从概率的角度给出磁吸效应模式,而不是给出确定的磁吸效应类型。

其次,在对熔断事件发生的情况下股票市场行情变化的研究中,我们以 S&P 500 指数及其成分股在 2020 年 3 月,22 个交易日的数据进行实证研究,其中包含四次熔断事件。通过对熔断前、熔断日和熔断后市场波动率、流动性、交易者行为趋同性和股票收益率相关性指标进行研究。研究结果发现市场的波动率、流动性和交易者行为趋同性指标在熔断日明显高于熔断前和熔断后,而相比熔断前和熔断后,股票间收益率相关性指标在熔断日比较低。

本章我们研究了磁吸效应以及熔断下的市场行为,这些现象验证了绪论中提到的金融市场并不是单一的、确定的、均衡的、稳定的系统,而是演化的、充满偶然性和不确定性的复杂系统。基于实证研究的发现,我们在后续章节中通过多主体模拟的方式重现实证中的涨跌停板、磁吸效应、熔断等现象,并通过对模型的研究给出实证现象的解释。

第三章 涨跌幅限制的磁吸效应研究

第二章我们对市场稳定机制的磁吸效应进行了实证分析,结果发现在大多数市场中触板事件的发生往往都会伴随着磁吸效应,我们还展示了典型的磁吸效应模式。为了重现实证中的典型事实,以及给实证研究的现象一个合理的解释,本章通过构建一个具有涨跌幅限制的单资产股票市场多主体模型来研究磁吸效应。该模型能够重现股价触板事件和磁吸效应等典型事实,同时模型的磁吸效应发生率和磁吸效应模式等结果能够与实证研究较好地对应。通过模型的模拟,我们还发现涨跌幅限制的大小和交易者比例的变化会影响触板事件的发生,这对市场监管者制定监管政策、市场交易者调整投资策略有重要影响。

第一节 前言

第二章我们对 2020 年 3 月七个国家股票市场熔断或涨跌停板事件的磁吸效应进行分析,发现大多数的市场在熔断或涨跌停板前一段时间内股票价格都具有磁吸效应,并且在具有磁吸效应的样本中,我们发现在触板前绝大多数股票的收益率指标和交易者行为一致性指标呈现出显著增加的趋势。面对实证研究的结果，我们不禁思考是什么原因导致磁吸效应的发生。学者们对2020年3月的市场崩溃提供了一些解释。Mazur等（2021）[115]认为COVID-19导致消费和经济产出急剧下降，降低了交易者对未来收入的预期。也有学者指出投资者对股市和实体经济短期内表现出一致的悲观情绪是导致崩溃的重要因素[127]。总之，当交易者面对市场环境变化时，其行为的改变往往是影响市场崩盘和磁吸效应的重要因素。

通过第二章的实证研究，我们计算了磁吸效应发生率，展示了磁吸效应模式，给出了一种磁吸效应在不确定中的确切结论，即磁吸效应有一定发生概率。尽管对磁吸效应的实证研究已经有较为丰富的文献，并提出了通过AR-GARCH模型、Logit回归模型和二次回归模型等方法来检验磁吸效应。但是，用定量研究磁吸效应背后的生成机制来解释实证结果的文献还不多见。因此，本章旨在从理论的角度分析磁效应，目的是更好地了解磁吸效应的产生机制，以及它与价格限制的相互作用。我们用多主体建模的方法研究磁吸效应，基于多主体模拟的仿真是一种自底向上的方法，可以从向投资者行为以及投资者与价格限制的相互作用这样的市场微观结构出发，来认识像磁吸效应这样的宏观现象。与实证研究不同的是，在多主体模型中可以控制变量，通过调节参数，看看哪些因素是引发磁吸效应的潜在驱动力。

磁吸效应的理论模型最早由Subrahmanyam（1994）[83]提出，他建立了一个具有知情交易者和流动性提供者的交易策略模型，构建跨期和多市场交易模型，研究发现交易暂停会激发不知情者加速进行交易，随着资产价格越接近价格限制，股价的波动率越大，从而支持磁吸效应存在。随后，Subrahmanyam在后续论文中指出，在现实中即将触发交易暂停时，知情交易者会推迟订单以防止被头寸锁定，会抑制市场流动性[128]，但Ackert等（2001）[129]设置模拟实验发现市场中存在涨跌幅限制或者熔断机制时，交易者在面临即将到来的交易暂停时会加快他们的提单速度以防止被排除在流动性之外。之后，越来越多的学者从内生强化机制角度来解释磁吸效应。这些文献大多从交易者行为、交易机制等行为的金融学角度来解释。Arak 和 Cook（1997）[101] 认为一些投资者相信价格趋势的存在并倾向于追逐趋势的行为是引发磁吸效应的重要原因。由于市场中的一些交易者相信价格趋势的存在，例如那些认为资产价格会继续上涨的交易者，他们知道一旦资产价格达到限制，市场就会阻止他们购买，但是市场共识价格（基本值价格）可能会超过当日的价格限制。在随后新的一天开始的时候，新的价格限制足够宽能够包含新的均衡价格，价格可能会更高，所以为了避免被抛弃在趋势之外，当价格接近涨幅限制时，那些认为资产价格会达到上限的交易者会更快地购买。同样地，如果价格发生在接近下限处，交易者会争先恐后地卖出。Berkman 和 Steenbeek（1998）[102] 则认为如果当天的资产价格接近价格限制，交易者则会因为担心流动性不足而加速交易。Miller（1989）[130] 提出，如果交易者担心由于被锁定在触发点附近的仓位而加速其交易活动，那么涨停或跌停可能是自我实现的。Greenwald 和 Stein（1991）[79] 暗示，在压力市场条件下，价格限制可能会"自食其力"，即价格限制本身会引发市场崩溃。Gerety 和 Mulherin（1992）[131] 提出了恐惧阈值概念，即当价格变动达到一定比例后，与没有价格限制的市场相比，交易者因害怕交易壁垒会有更高的动力加速进行交易，从而引发磁吸效应。Huang 等（2001）[76] 认为如果市场中实施价格限制，当价格接近每日涨跌幅限制时，交易者可能会在价格达到涨跌幅限制之前加速买卖。

本章的多主体模型是经典的具有基本值交易者（Fundamentalists）和趋势交易者（Chartists）的人工股票市场模型。这一模型经过很多学者不断调整、检验和改进，现在已经成为一个较为成熟的人工股票市场模型。基本值交易策略和技术交易策略是在实际市场分析中交易者通常都会参考的交易策略。基本值交易策略从股票的基本面出发，通常考虑公司财务报告、主营业务信息、市盈率市净率等指标来判断股票的内在价值。技术交易策略通常考虑股票历史的价格信息，通过计算股票价格的移动平均值作为自己的决策判断。通过实证调查、实验证据支持以及金融市场动量和均值回归策略盈利能力的实证讨论，学者们支持市场中这两种策略的异质性,并有较多的文献支持。De 等(1993)[34] 构建了一个基本值交易者和趋势交易者相互作用的汇率货币模型,研究结果表明投机性动态的非线性导致了汇率的混沌运动,并且该模型能够生成汇率动态的典型事实。Chairella 等(2001)[132] 用非线性动力学的方法检验了在具有动态投机的基本值和趋势交易者模型中的分岔和局部吸引的效应,这也可以看作模型有效的理论基础。Chairella 等(2008)[133] 用随机分岔理论对具有基本值交易者、趋势交易者和噪声交易者的随机资产定价模型进行分析,研究结果表明趋势交易者的投机行为会导致市场价格呈现不同形式的均衡分布。Jacob(2015)[134] 的研究表明资产价格的过度波动和股票月收益率的序列相关性可以用基本值交易者和趋势交易者之间的相互作用来解释。同时,越来越多的研究表明具有基本值和趋势交易者的模型可以重现金融市场中的波动聚集、尖峰后尾、收益率自相关性较弱等金融市场典型事实。因此,具有基本值和趋势交易者的人工股票市场模型被越来越多的学者用于资产定价、金融市场异象与交易者行为、政策制定与评估等相关研究。

磁吸效应目前的研究现状为实证研究提供了丰富的检验方法,但是实证研究结果具有不确定性,例如第一章我们总结的有关磁吸效应存在与不存在的争论。同时,从理论角度研究磁吸效应为什么发生的文献比较少见。针对这些研究现状和研究背景,本章通过构建一个具有涨跌幅限制的单资产股票市场多主体模型,并结合第二章对 2020 年 3 月七个国家市场的磁吸效应分析结果,重点研究包括磁吸效应是否存在、磁吸效应发生原因、磁吸效应模式和市场环境对触板事件的影响等内容。

本章剩余部分的结构如下:第二节介绍具有涨跌幅限制的单资产股票市场多主体模型的构建细节,包括交易者行为、交易机制等。第三节展示模拟结果,包括触板现象、磁吸效应发生率、磁吸效应模式的计算,并对研究结果进行分析。第四节为本章小结。

第二节 具有涨跌幅限制的单资产股票市场多主体模型

本书构建了一个具有涨跌幅限制的单资产状态下的股票市场多主体模型，交易者根据自己的需求选择交易策略，股票价格是在连续双向拍卖交易机制下形成的。尽管在实证分析中我们既有熔断样本，又有涨跌停板样本作为研究对象，但是在模型中我们重点关注涨跌幅限制，这是因为当我们只关注熔断或涨跌停板前一段时间市场微观变量指标的变化情况时，熔断机制和涨跌幅限制对市场的约束作用是没有差别的。我们的模型受到 CHP 模型[135] 用多主体模拟的方法重现金融市场典型事实的研究启发，在此基础上我们对 CHP 模型进行了扩展，主要体现在以下两个方面：一方面，交易者在一天之内可以多次进入市场，从而能够得到高频交易数据；另一方面，交易者既能够提交限价订单，也能够提交市价订单。

一、交易者行为

模型中只有一种类型的资产。市场中共有 N 个交易者，并且分为两类，其中有 ρ 比例的基本值交易者和 $(1-\rho)$ 比例的趋势交易者，他们具有策略性交易需求和流动性交易需求。对于每个交易日 $t(t=1, 2, \cdots, T)$，有 $\tau=48$ 个交易周期，我们假定每个小周期表示实际 5 分钟的时间，这样每个交易日总共有 4 个小时的交易时间。通过这样的设定，我们能够得到日内高频交易数据，可以用来研究股票的日内交易行为。

在每个交易日开始时，基本值交易者和趋势交易者会判断这一天具有何种交易需求。基本值交易者有 ρ_ε 的概率具有流动性交易需求，有 $1-\rho_\varepsilon$ 的概率具有策略性交易需求，从而选择基本值交易策略。趋势交易者有 ρ_ε 的概率具有流动性交易需求，有 $1-\rho_\varepsilon$ 的概率具有策略性交易需求，从而选择趋势交易策略。他们的交易需求一旦选定在一天之内就不会发生改变。交易者在每个小周期内进入市场的概率为 ξ_τ，也就是交易者在一天之内可能会多次进入市场进行交易。每个小周期 τ 开始后，被选中进入市场的交易者进场时刻为 τ'，τ' 与 τ 最大的区别在于 τ' 表示的是每个交易者进场交易的时刻，用来记录交易的过程，而 τ 是对股票价格等指标的记录，强调交易的结果。从提单类型上看，不仅可以提交限价订单，还有一定的概率提交市价订单。从财富限制上看，模型中的交易者受到所持有的现金数量和股票数量限制进行交易，不允许买空卖空。同时，交易者的提单过程还受到涨跌幅限制的约束。

1. 基本值交易需求

如果交易者具有基本值交易需求，他有 $f_{it\tau'}$ 的概率提交市价单，以 $1-f_{it\tau'}$ 的概率提交限价单。这部分我们介绍交易者具有基本值交易需求时提交限价订单的交易策略。基本值交易策略假定股票价格围绕基本值价格波动，一天内基本值价格会变化。基本值价格的演化公式为式（3-1）：

$$p_{t,\tau+1}^* = p_{t\tau}^* e^{\sigma_f \nu_{t\tau}} \tag{3-1}$$

其中，$p_{t\tau}^*$ 表示在第 t 个交易日的 τ 时刻股票的基本值价格，$\sigma_f \geqslant 0$，$\nu_{t\tau} \sim N(0,1)$ 服从标准正态分布。

具有基本值交易策略需求的交易者的提单意愿 $g_{it\tau'}$ 是式（3-2）：

$$g_{it\tau'} = \mathrm{sgn}(p_{t\tau}^* - p_{t\tau}) \tag{3-2}$$

其中，$g_{it\tau'} \in \{-1, 0, 1\}$ 表示交易者 i 在第 t 个交易日的 τ' 时刻提交订单的方向。当 $g_{it\tau'} = +1$ 时，即股票的基本值价格 $p_{t\tau}^*$ 高于实时成交价格 $p_{t\tau}$ 时，交易者

认为股票价格被低估,具有买入意愿;当 $g_{it\tau'}=0$ 时,交易者不提单;当 $g_{it\tau'}=-1$ 时,交易者认为股票价格被高估,具有卖出意愿。由此可见,基本值交易策略有助于股票价格回归基本值。

交易者的意愿提单价格 $\tilde{y}_{it\tau'}$ 为:

$$\tilde{y}_{it\tau'} = p_{t\tau'}(1+\Delta_f \Psi_{t\tau'}) \tag{3-3}$$

交易者的意愿提单数量 $\tilde{q}_{it\tau'}$ 为:

$$\tilde{q}_{it\tau'} = \lfloor \theta |p_{t\tau}^* - p_{t\tau'}| \rfloor \tag{3-4}$$

其中,$\Psi_{t\tau'} \sim N(0,1)$ 服从标准正态分布,Δ_f 用来衡量观测到的基本值与实际基本值偏差的波动率,$\Delta_f>0$。θ 是用来衡量基本值交易者对价差的敏感程度的参数,股票价格与基本值价格的偏离值越大,交易者意愿提单数量也就越多。

2. 趋势交易需求

如果交易者具有趋势交易需求,或者说具有技术交易需求时,和基本值交易需求一样,他以 $f_{it\tau'}$ 的概率提交市价单,以 $1-f_{it\tau'}$ 的概率提交限价单。本部分我们介绍交易者具有趋势交易需求时提交限价订单的交易策略。

趋势交易策略将股票价格的移动平均值作为决策的参考,股票价格的移动平均数 m_{it} 定义为式(3-5):

$$m_{it} = \frac{\sum_{j=1}^{d_i} p_{t-j}^{close}}{d_i} \tag{3-5}$$

不同的交易者可能会计算出不同的股价移动平均值 m_{it},这是由于交易者选择参考的移动平均窗口长度 d_i 可能不尽相同,$d_i \in \{20, 21, \cdots, 100\}$。$p_t^{close}$ 表示股票价格在交易日 t 的收盘价。

具有趋势交易策略需求的交易者的提单意愿 $g_{it\tau'}$ 是式(3-6):

$$g_{it\tau'} = \text{sgn}(p_{t\tau'} - m_{it}) \tag{3-6}$$

当股票的实时成交价格 $p_{t\tau'}$ 高于股票价格的移动平均值 m_{it} 时，即 $g_{it\tau'}=+1$ 时，交易者认为股票价格会继续上涨，具有买入意愿；反之，当 $g_{it\tau'}=-1$ 时，交易者认为股票价格会下跌，具有卖出意愿；而 $g_{it\tau'}=0$ 时，交易者不提单。趋势交易策略对股票价格具有追涨杀跌的作用。

交易者的意愿提单价格 $\tilde{y}_{it\tau'}$ 为：

$$\tilde{y}_{it\tau'} = p_{t\tau'}(1+\sigma_c \Theta_{t\tau'}) \tag{3-7}$$

交易者的意愿提单数量 $\tilde{q}_{it\tau'}$ 为：

$$\tilde{q}_{it\tau'} = \lfloor \mu |p_{t\tau'}-m_{it}| \rfloor \tag{3-8}$$

其中，$\Theta_{t\tau'} \sim N(0,1)$ 服从标准正态分布。σ_c 是趋势交易策略提单价格激进程度参数，$\sigma_c>0$。$\mu>0$ 是一个常数，用来衡量趋势交易者对价差的敏感程度，股票价格与交易者参考的股价移动平均值之间的差距越大，交易者的意愿提单数量越大。

3. 流动性交易需求

除了策略性交易需求，交易者还有一定概率具有流动性交易需求。当交易者具有流动性交易需求时，模型假定他们以相同的概率提交买单和卖单。如果交易者具有流动性需求，他们只可以提交限价订单，不能提交市价订单。交易者 i 在第 t 个交易日的 τ' 时刻提交限价单的意愿提单价格 $\tilde{y}_{it\tau'}$ 与股票在 τ' 时刻的实时成交价格 $p_{t\tau'}$ 接近：

$$\tilde{y}_{it\tau'} = p_{t\tau'} + \sigma_\epsilon z_{t\tau'} \tag{3-9}$$

其中，$\sigma_\epsilon>0$ 是一个给定的常数来度量流动性交易的波动率，$z_{t\tau'} \sim N(0,1)$ 是一个标准正态分布。交易者 i 在第 t 个交易日的 τ' 时刻提交限价单的意愿提单数量 $\tilde{q}_{it\tau'}$ 是 $\{1,2,\cdots,5\}$ 中的随机数。

4. 市价订单

我们假定模型中交易者具有流动性交易需求时只能提交限价订单，具有策略性需求时才有一定概率提交市价单。市价订单仅指定委托数量，不指定委托提单价格，会直接搜索限价订单簿中最优买单或卖单，是一种希望立即买入或卖出股票的命令。市价订单是一种比较激进、迫切的订单类型。交易者提交市价订单的概率与股票的实时成交价格相关，这是因为当股票价格接近价格限制时，交易者担心市场流动性缺失使其不能买卖交易，于是交易者有更大的可能性提交市价订单，这也被认为是造成磁吸效应的重要因素之一[102]。我们假定交易者提交市价订单的概率 $f_{it\tau'}$ 与实时成交价格距离涨跌幅限制的距离相关：

$$f_{it\tau'} = \left(\frac{p_{t\tau'} - p_{t-1}^{close}}{p_{t-1}^{close} \times L} \right)^2 \tag{3-10}$$

这里 L 表示的是涨跌幅限制，也就是每个交易日股票价格允许上涨和下跌的最大幅度，本书的研究中涨跌幅限制都是对称的。p_{t-1}^{close} 表示的是股票在第 $t-1$ 个交易日的收盘价。从交易者提交市价订单概率上看，$f_{it\tau'}$ 值越大，交易者有越大的可能性提交市价订单。当交易者提交市价订单时，会直接在限价订单簿上搜索进行吃单，成交价格以订单簿上的价格为准。提交市价单的委托提单数量以全部财富（现金或股票）为限进行交易。

5. 涨跌幅限制和财富限制

对于市场中所有的交易者，无论他们具有策略性需求还是流动性交易需求，其实际提交的委托提单价格受到涨跌幅限制的约束，实际提交的委托提单数量受到财富限制的约束。

通常情况下，交易者实际提交的委托订单价格 $y_{it\tau'}$ 就等于 $\tilde{y}_{it\tau'}$，但是当意愿提单价格 $\tilde{y}_{it\tau'}$ 超过涨跌幅限制的上限 $p_{t-1}^{close}(1+L)$ 时，交易者要以 $y_{it\tau'} = p_{t-1}^{close}(1+L)$ 价格来提单；同样地，如果意愿提单价格 $\tilde{y}_{it\tau'}$ 低于涨跌幅限制的下限 $p_{t-1}^{close}(1-L)$ 时，交易者要以 $y_{it\tau'} = p_{t-1}^{close}(1-L)$ 价格来提单。

$$y_{it\tau'} = \begin{cases} p_{t-1}^{close}(1+L) & \widetilde{y}_{it\tau'} > p_{t-1}^{close}(1+L) \\ \widetilde{y}_{it\tau'} & p_{t-1}^{close}(1-L) \leq \widetilde{y}_{it\tau'} \leq p_{t-1}^{close}(1+L) \\ p_{t-1}^{close}(1-L) & \widetilde{y}_{it\tau'} < p_{t-1}^{close}(1-L) \end{cases} \quad (3-11)$$

模型中不允许买空卖空，交易者实际提交的订单会受到财富限制的约束，并且委托提单数量必须为整数，所以交易者实际提交的委托提单数量 $q_{it\tau}$ 为：

$$q_{it\tau'} = \begin{cases} \lfloor \min(\widetilde{q}_{it\tau'},\ S_{it\tau}) \rfloor & (g_{it\tau'} = -1) \\ \lfloor \min\left(\widetilde{q}_{it\tau'},\ \dfrac{C_{it\tau}}{y_{it\tau'}}\right) \rfloor & (g_{it\tau'} = +1) \end{cases} \quad (3-12)$$

其中，$S_{it\tau}$ 表示在第 t 个交易日的 τ 时刻，交易者 i 拥有的股票数量，$C_{it\tau}$ 表示在第 t 个交易日的 τ 时刻，交易者 i 拥有的现金数量。

二、连续双向拍卖交易机制

从交易机制上看，模型采用连续双向拍卖交易机制[41,136]，交易者的交易行为就形成了股票价格。对于每一个交易日 t（$t=1,\ 2,\ \cdots,\ T$）有 $\tau=48$ 个交易周期，假定每一周期对应实际 5 分钟的时间，一天有 4 小时交易过程，这样我们就得到了日内高频交易数据。在每一个交易日 t 开始时，基本值交易者和趋势交易者会决定他们具有何种交易需求，一旦选定，在这个交易日内不会变化。每一个交易周期 τ，交易者有 $\xi_\tau=0.5$ 的概率进入市场，即一个交易者一天内可能有多次进场交易机会。每一期被选择进入市场的交易者按顺序依次提交订单，进入连续竞价过程。

本章的模型是既能够提交市价订单又能够提交限价订单情况下的连续双向拍卖机制，交易者提单过程如图 3-1 所示，图中标注①的虚线方块表示市价订单，标注②的实线方块表示限价订单。当交易者提交限价订单时，限价委托订单按照价格优先、时间优先的准则依次进场。浅灰色的柱体表示限价买单簿中订单排列情况，深灰色的柱体表示限价卖单簿中订单排列情况。从图3-1中可以看出，买订单簿按照限价委托订单的委托价格由高到低降序排列，委托提单价格最高的限价买单价格叫作最佳买价。相反地，卖单簿按照限价委托订单的委托价格由低到高升序排列，委托提单价格最低的限价卖单价格叫作最佳卖价。本章假定交易者既能够提交限价订单又能够提交市价订单。首先我们分析新提交订单为限价订单情形，即标注为②的实线方块，如果是限价买单，其委托提单价格若小于最佳买价，则进入限价买单簿进行排序，若委托提单价格高于或等于最佳买价，则该限价订单会与卖单簿中的最佳卖单进行交易，并且按照限价买单的委托提单数量与卖单簿中的订单依次进行交易，直到委托提单数量消耗完为止，如果穷尽所有卖单簿，委托提单数量仍有剩余，则按照剩下的委托提单数量在买单簿进行排序。同理，如果是限价卖单，则委托提单价格与最佳卖价进行比较，如果高于最佳卖价，则进入卖单簿进行排序，如果小于等于最佳卖价，则能够与最佳买单进行交易，直到委托的提单数量交易完毕为止。接着我们研究市价订单情形，即标注

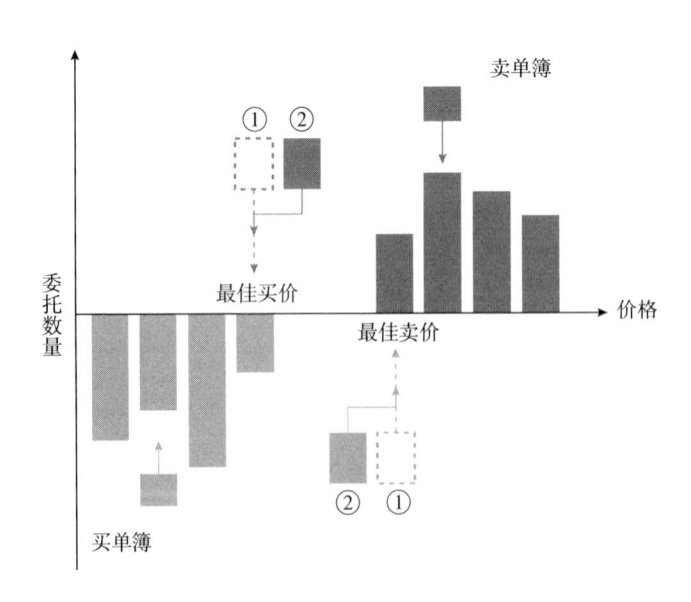

图3-1 既允许提交市价订单又允许提交限价订单情形的连续双向拍卖交易机制示意图

为①的虚线方块，市价订单是没有委托提单价格，只有委托提单数量的。如果交易者提交市价买单，则交易者会以全部现金为限，依次与卖单簿上的订单进行交易；如果交易者提交市价卖单，则交易者以全部股票为限，依次与买单簿上的订单进行交易。市价订单是一种较为激进的订单类型，交易者提交市价订单反映了交易者迫切想进行交易的心理，所以市价订单交易的优先级高于限价订单，会优先于限价订单与订单簿上的订单进行撮合，也就是图 3-1 中①虚线方块表示的市价订单会在②实线方块表示的限价订单之前进行交易。

被选择进入市场的交易者在每个时间间隔内按顺序依次提交订单进行交易，如果交易者提交的限价订单没有完全成交，则进入订单簿排序；如果完全成交，则删掉完全成交的限价订单。如果小周期内提交市价订单的交易者，其委托提单数量大于订单簿上所有记录的委托提单数量之和，则吃掉所有限价订单后会撤单，市价订单不在订单簿上排队。简单地说，就是市价订单如果没有完全成交，则删除订单，不在订单簿中排序。

市场主体的交易行为在连续双向拍卖机制下就形成了股票价格，在我们的模型中会记录日内股票价格和日间股票价格。日内每个小周期结束时，最后一笔交易的成交价格是该周期的股票价格，即 p_{tr}。每个交易日结束时的收盘价，或者说当天的股票收盘价格是当日最后一个小周期的最后一笔交易的成交价，即 p_t^{close}。如果小周期内没有交易达成，且订单簿中有限价订单排列，则当期的股票价格是最佳买价与最佳卖价的平均值，否则是上一小周期的收盘价。

当我们采用连续双向拍卖交易机制时，由于许多异质主体之间的局部交互，常常会出现复杂的全局现象。这使得连续双向拍卖交易机制常常作为复杂系统研究的一个典型案例。通过连续双向拍卖交易机制我们可以获得丰富的交易数据，这为理论研究提供了一个很好的实验场来研究那些通用的、广泛的统计规律。同时，通过构建基于连续双向拍卖交易机制的多主体模型可以重现复杂系统中的现象，如聚集效应、规模效应和涌现效应。

第三节 模拟结果

上一节我们介绍了多主体模型中的交易者行为以及交易机制，本节在前面的基础上设置参数进行多次实验模拟。在我们的模型中总共有 $N=1000$ 个交易者，其中基本值交易者和趋势交易者的数量各占 50%。我们一次实验的交易日有 500 天，前 100 天的交易用于形成价格，中间 100 天防止股票价格存在暂态效应，所以只观测后 300 天的交易数据。

表 3-1 展示的是模型参数。在进行模型参数的选定时，我们参考了大量文献，同时进行了多次模拟，特别是对基本值交易策略和趋势交易策略中与交易者提单行为相关的参数。尽管我们的参数不是从特定的实际市场中来，不能模拟一个特定的市场，但是模型能够重现金融市场典型事实，这也能证明我们模型研究的有效性。首先我们检验在表 3-1 的参数下能否重现金融市场的典型事实。在表 3-1 参数设置的基础上，令涨跌幅限制 $L=100\%$ 进行 100 次模拟，观察股票价格序列和收益率序列，实验结果如图 3-2 所示，本节模拟结果与 CHP 模型[135]中的一系列典型事实相对应。图 3-2（a）上半部分展示了股票价格和基本值价格时间序列，可以看出股票价格围绕基本值价格上下波动。图 3-2（a）下半部分和图 3-2（b）展示的是股票收益率序列，收益率呈现出波动聚集性和尖峰厚尾性。同时从图 3-2（c）和图 3-2（d）可以看出，收益率的自相关性很弱，而收益率绝对值的自相关性呈现出短期自相关性较强、随着时滞的增加自相关性逐渐减弱的特点。这些都说明我们的模型结果较好地反映了金融市场典型事实，也说明这个模型可以作为基本模型被用来研究涨跌幅限制的磁吸效应。

表 3-1 模型的参数设置

参数	数值	定义
N	1000	交易者总数
T	500	交易天数
τ	48	每个交易日的交易周期
S_{i0}	$\{1, 2, \cdots, 9\}$	交易者初始持有的股票数量
C_{i0}	$1000S_{i0}$	交易者初始持有的现金数量
p_0^{close}	1000	初始股票价格
p_0^*	990	初始基本值价格
σ_f	0.005	基本值波动率
Δ_f	0.0005	观测到的基本值与实际基本值偏差的波动率
θ	0.05	选择基本值交易策略交易者的反应系数
μ	0.1	选择趋势交易策略交易者的反应系数
d_i	$\{20, 21, \cdots, 100\}$	移动平均数窗口长度
σ_c	0.0005	趋势交易策略提单价格激进程度参数
ρ_ε	0.05	交易者具有流动性需求的概率
ρ	0.5	基本值交易者比例
ξ_τ	0.5	每个小周期交易者进入市场的概率
σ_ε	$\sigma_f p_0^*$	具有流动性需求的交易者提单价格偏离值

一、市场环境对触板事件的影响

当实际市场中发生触板事件时，有些触板事件会在开盘的几分钟后发生，即开盘就涨跌停板或开盘即熔断，而有些触板事件的发生会在盘中。我们认为这两种类型的触板事件的触板步长是不同的，开盘即涨跌停或熔断的事件是快速触板事件，而盘中是长时触板事件。开盘即涨跌停板或熔断的短时快速触板事件较难

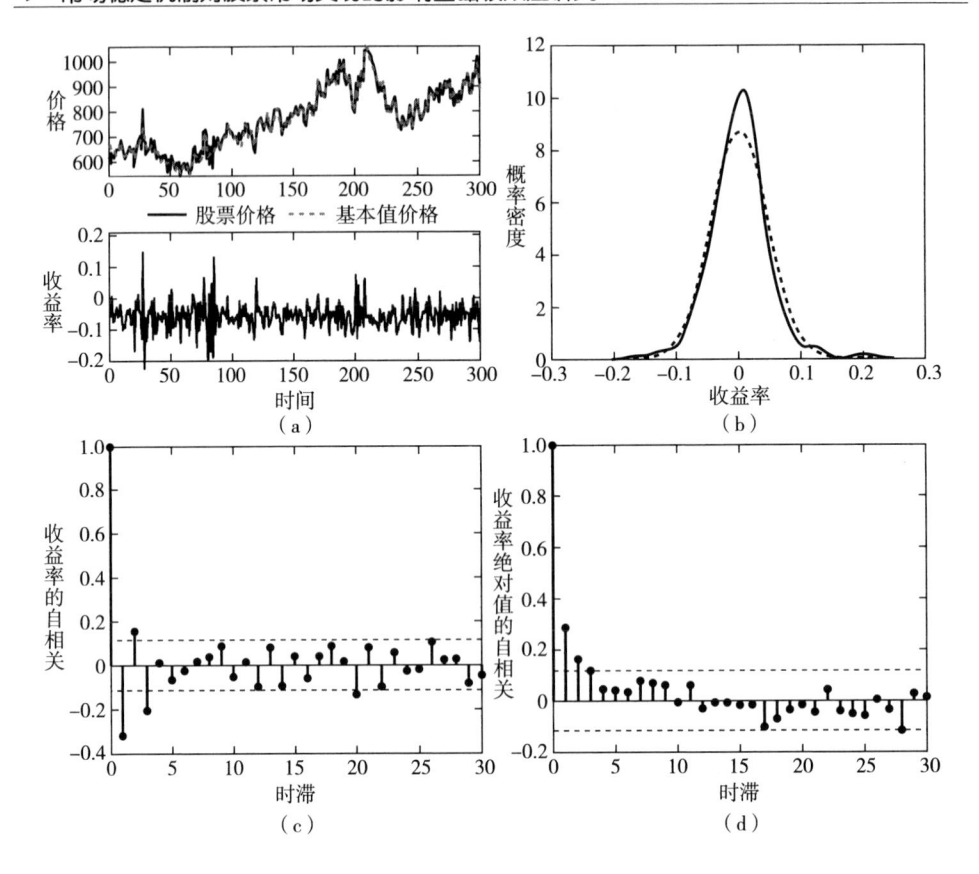

图 3-2　当涨跌幅限制 $L=100\%$ 时，重现金融市场典型事实

注：(a) 股票价格、基本值价格时间序列和收益率时间序列；(b) 收益率的密度分布；(c) 收益率的自相关性；(d) 收益率绝对值的自相关性。

防御，当交易者处于股价快速变动的旋涡中时，如果没有及时调整交易策略，很有可能造成流动性缺失，使交易无法达成。而盘中长时触板事件留给交易者思考决策的时间较长，对于交易的干扰效应相对较小。由此可见，定义触板步长对于我们识别股票市场中短时快速触板和长时慢速触板具有很重要的意义。同时，我们的研究还发现交易者比例和涨跌幅限制的大小会影响触板次数和触板步长。

1. 触板步长

模型中我们设置了对称的日涨跌幅限制。如果在一个交易日内股票价格触及当日涨幅限制的价格线 $p_{t\tau}=p_{t-1}^{close}(1+L)$，则我们称它为上限触板。如果股票价格触及当日跌幅限制的价格线 $p_{t\tau}=p_{t-1}^{close}(1-L)$，则我们称它为下限触板。其中 p_{t-1}^{close} 表示前一日股票价格的收盘价，也是当日的开盘价，模型中并不考虑开盘时的集合竞价，前一日收盘价就是当日的开盘价。

触板步长 $\Phi(0\leq\Phi\leq 47)$ 定义为触板事件发生前的时间窗口长度。一个交易日内发生的所有触板事件次数为 $n(0\leq n\leq 47)$，当一个交易日内有触板事件发生，即 $1\leq n\leq 48$ 时，触板事件对应的时间 τ_1，τ_2，τ_3，τ_4，…，τ_n 从小到大进行排列我们就得到了触板事件发生的位置 $E_{hit_{t,\tau_1}}$，$E_{hit_{t,\tau_2}}$，$E_{hit_{t,\tau_3}}$，$E_{hit_{t,\tau_4}}$，…，$E_{hit_{t,\tau_n}}$。对于每个交易日的第一次触板事件 $E_{hit_{t,\tau_1}}$，其对应的触板步长 $\Phi_{t,1}=\tau_1-1$。对于每个交易日第 $n(n=2,3,4,…,48)$ 次触板事件 $E_{hit_{t,\tau_n}}$，以触板点 $E_{hit_{t,\tau_n}}$ 为结束向前搜索，直到搜索到与它相邻的前一个触板点的位置 $E_{hit_{t,\tau_{n-1}}}$，如果被搜索到的触板点 $E_{hit_{t,\tau_{n-1}}}$ 与 $E_{hit_{t,\tau_n}}$ 的触板方向相同，即同为上限触板或同为下限触板，则第 n 次触板事件的触板步长 $\Phi_{t,n}=\tau_n-\tau_{n-1}-1$，也就是从 $E_{hit_{t,\tau_{n-1}}}$ 后一期对应的时间到 $E_{hit_{t,\tau_n}}$ 对应的时间间隔为触板步长。如果被搜索到的前一个触板点 $E_{hit_{t,\tau_{n-1}}}$ 与 $E_{hit_{t,\tau_n}}$ 的触板方向相反，则第 n 次触板事件的触板步长 $\Phi_{t,n}=\tau_n-\tau_{n-1}$，也就是从 $E_{hit_{t,\tau_{n-1}}}$ 对应的时间到 $E_{hit_{t,\tau_n}}$ 对应的时间间隔为触板步长。

图 3-3 展示的是涨跌幅限制 $L=1\%$，第一次实验中，第 411 个交易日的日内股票价格。可以看出在这一天一共发生了 13 次触板事件，触板步长分别为 $\Phi_{down_{411,1}}=5$，$\Phi_{up_{411,2}}=2$，$\Phi_{up_{411,3}}=0$，$\Phi_{up_{411,4}}=1$，$\Phi_{up_{411,5}}=9$，$\Phi_{down_{411,6}}=6$，$\Phi_{down_{411,7}}=9$，$\Phi_{up_{411,8}}=6$，$\Phi_{up_{411,9}}=0$，$\Phi_{up_{411,10}}=0$，$\Phi_{up_{411,11}}=0$，$\Phi_{up_{411,12}}=0$，$\Phi_{up_{411,13}}=0$，其中 10 次上限触板，3 次下限触板。

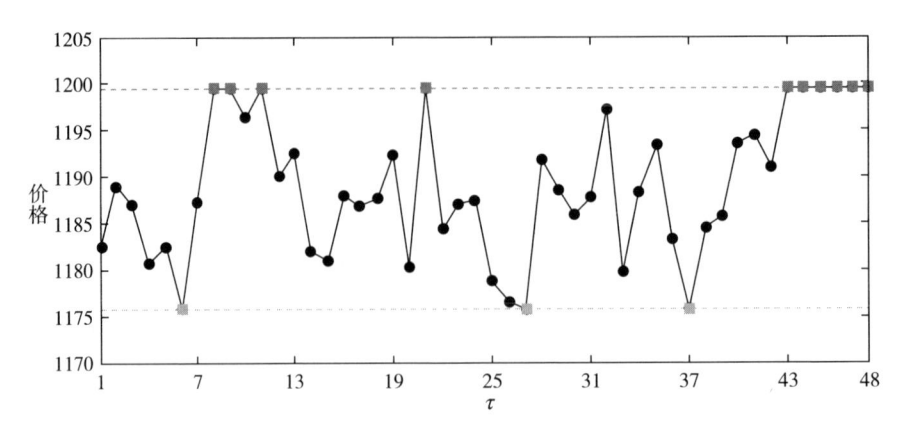

图 3-3 涨跌幅限制为 1%，第 411 个交易日的日内股票价格走势

注：图中点线表示当天的价格上限，虚线表示价格下限，价格上限和价格下限上的方块点表示的是触板事件。当天共发生 13 次触板事件，其中 10 次上限触板，3 次下限触板。

有学者认为，趋势交易者的追涨杀跌行为以及涨跌幅限制的松紧程度是引发触板事件的重要因素。接下来我们重点分析市场中交易者比例的变化和涨跌幅限制的大小对触板事件发生总次数以及不同类型触板事件发生次数的影响。如果触板步长不同，则触板事件类型不同。我们取涨跌幅限制 $L=1\%$、2%、3%、4%、5%，基本值交易者和趋势交易者比例分别为 1∶9、2∶8、4∶6、1∶1、6∶4、8∶2、9∶1 时，每个组合下做 20 次实验，统计每次实验的总触板次数。由于模型中涨跌幅限制是对称的，模型本身也没有不对称的设计，实验结果也没有发现不对称的结果，所以这部分的讨论里我们并不区分上限触板和下限触板，总触板次数是上限触板和下限触板次数的加总。

2. 交易者比例的影响

表 3-2 展示的是在不同交易者比例以及不同涨跌幅限制下的总触板次数（20 次实验的平均值）。首先从表 3-2 的模拟结果来分析交易者比例对总触板次数的影响。实验结果发现，当涨跌幅限制取值为 $L=1\%$ 时，也就是较小的涨跌幅限制下，无论趋势交易者占优的市场还是基本值交易者占优的市场都会发生较多的触

板事件，总触板次数都在10000次左右，说明在较小的涨跌幅限制下交易者比例对触板次数没有显著的影响。而当涨跌幅限制取值变大时，我们发现趋势交易者比例越高的市场，越容易发生触板事件。如涨跌幅限制取值为3%、4%和5%时，随着市场中趋势交易者比例的增加，触板事件的发生次数呈现出明显增加的趋势。

表3-2 不同交易者比例以及不同涨跌幅限制下的总触板次数

基本值交易者：趋势交易者	$L=1\%$	$L=2\%$	$L=3\%$	$L=4\%$	$L=5\%$
1：9	10861	11604	12824	12492	13253
2：8	10622	11964	12247	12516	11481
4：6	10940	9775	10369	10861	10354
1：1	9803	7784	8442	4945	5795
6：4	9518	7518	6072	3869	2259
8：2	9900	6305	4147	1754	848
9：1	10140	6654	3801	1647	1098

接着我们分析交易者比例对触板类型也就是触板步长的影响，实验结果如图3-4所示。图3-4展示的是固定涨跌幅限制$L=1\%$、2%、3%、4%、5%，调节基本值交易者和趋势交易者的比例分别为1：9、2：8、4：6、1：1、6：4、8：2、9：1时，不同触板类型（触板步长）的数量统计。在图3-4中横轴触板步长我们截取到了40，这是因为步长从40到48的触板事件很少发生。研究结果发现无论市场中实施宽松的涨跌幅限制还是严格的涨跌幅限制，都呈现出当趋势交易者比例占优时会更多地出现触板步长较小的快速触板事件，而基本值交易者比例占优时会更多地出现步长较长的缓慢触板事件。特别是在涨跌幅限制取值较小的情况下，如图3-4（a）和图3-4（b），无论是基本值交易者占优的市场还是趋势交易者占优的市场，市场中的总触板次数几乎没有差别，都很多，但是趋势交易者占优的市场中短时快速触板事件的发生次数明显高于基本值占优的市

场，基本值交易者占优的市场中更多地发生长时缓慢触板事件。这说明趋势交易者的存在大幅缩短触板事件发生的时间，股票价格很容易快速触板，加剧了股价波动。Frankel 和 Froot（1990）[32]、Arak 和 Cook（1997）[101]，以及 Frijns 等（2010）[24] 的研究都表明趋势交易者的存在会加剧市场波动。

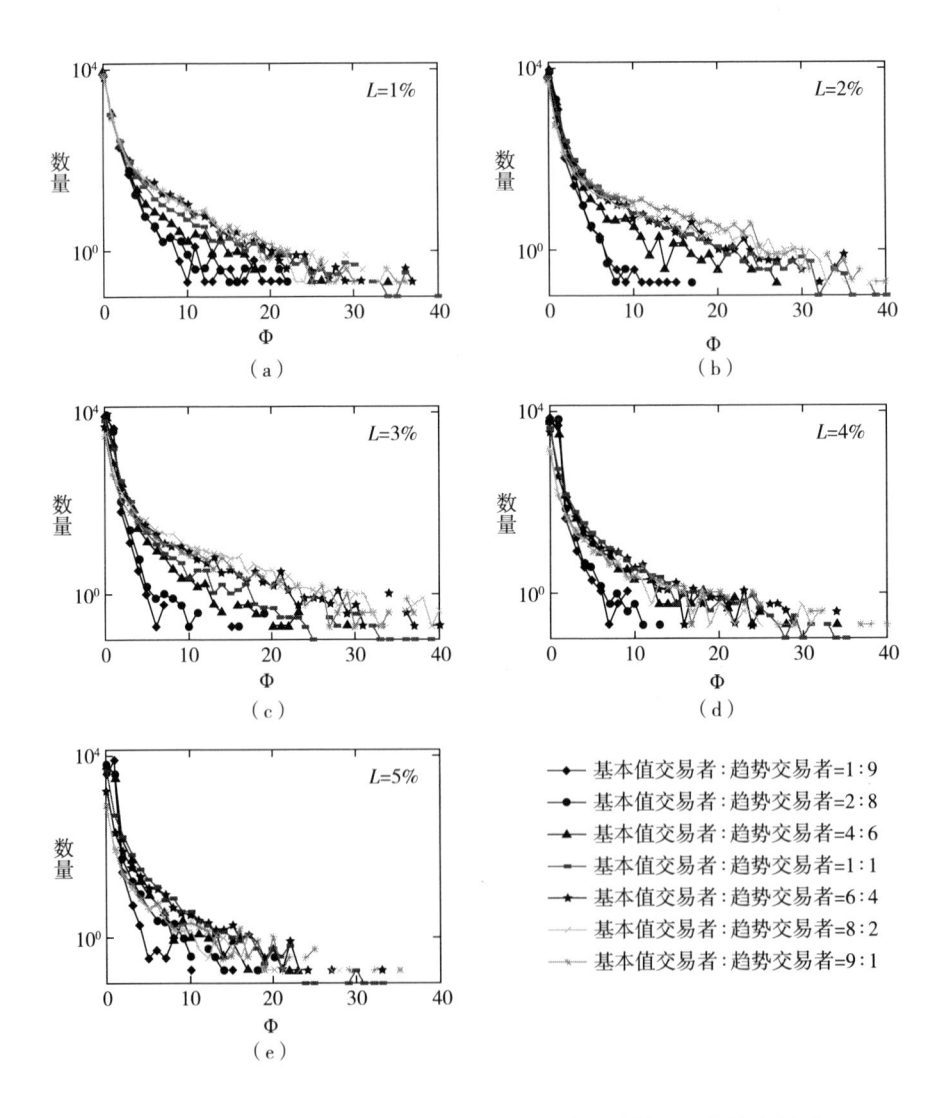

图 3-4 固定涨跌幅限制，调节基本值交易者和趋势交易者的比例时，不同触板类型的数量统计

分析交易者比例对触板事件发生的影响具有重要的现实意义。对于市场监管者，如果监管者计划实施较小的涨跌幅限制，从总触板次数上看，无论是基本值占优的市场还是趋势交易者占优的市场都会发生较多次的触板事件，数量上几乎没有明显差别。从触板事件的类型上看，基本值交易者占优的市场多为触板步长较长的触板事件，而趋势交易者占优的市场多为短时快速触板事件。如果监管者计划实施较宽松的涨跌幅限制，从总触板次数上看，趋势交易者占优的市场发生触板次数的频率远远高于基本值交易者占优的市场。从触板事件的类型上看，趋势交易者占优的市场发生短时快速触板事件的频率远远高于基本值交易者占优的市场。从交易者的角度看，分析市场中的交易者成分有利于判断投资风险。如果这是一个基本值交易者占优的市场，留给交易者调整投资策略的时间较长，市场的投资风险就更小一些。如果这是一个趋势交易者占优的市场，价格会经常发生短时快速的暴涨或者暴跌，直接达到触板价格，市场投资风险比较大。

3. 涨跌幅限制的影响

本部分我们分析涨跌幅限制的大小对触板事件的影响。首先从表3-2的模拟结果来分析涨跌幅限制大小对总触板次数的影响。研究结果发现当趋势交易者比例更高时，如表3-2的前3行，无论实施较小的涨跌幅限制如1%和2%，还是实施较宽松的涨跌幅限制如5%，市场中都会发生较多的触板事件，总触板次数几乎大于10000次。这说明在趋势交易者占有绝对高比例的市场，无论是宽松的涨跌幅限制还是严格的涨跌幅限制都会经常发生触板事件。而当市场中基本值交易者比例更高时，如表3-2的后3行，我们发现总触板次数随着涨跌幅限制的放宽而减少。

接着我们分析涨跌幅限制的大小对触板类型的影响，实验结果如图3-5所示。图3-5展示了固定交易者比例分别为1∶9、2∶8、4∶6、1∶1、6∶4、8∶2、9∶1，调节涨跌幅限制$L=1\%$、2%、3%、4%、5%时，不同触板类型的

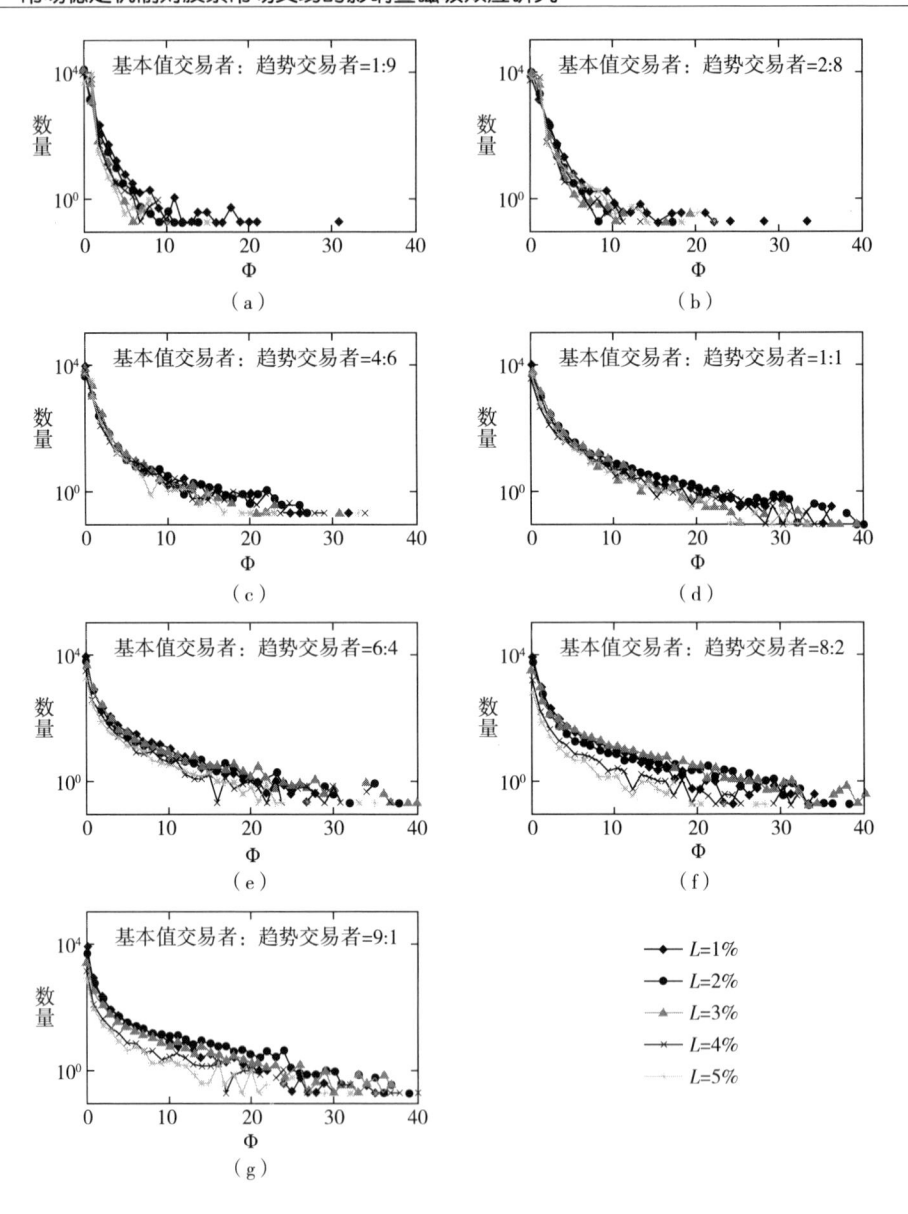

图 3-5 固定交易者比例，调节涨跌幅限制时，不同触板类型（触板步长）的数量统计

数量统计。我们发现在趋势交易者比例高的市场，如图 3-5（a）~图 3-5（c）所示，不同涨跌幅限制下，不同类型触板事件发生的次数几乎没有明显的差别，都呈现出快速触板次数多，缓慢触板次数少的特点。随着基本值交易者比例的增

高，如图3-5（e）~图3-5（g）所示，我们可以看出一种趋势越来越明显，即在较小的涨跌幅限制下，市场中无论是短期快速触板还是长期缓慢触板的发生次数都明显地高于实施宽松的涨跌幅限制下各类型的触板次数。这说明在基本值交易者比例较高的市场，股票价格的波动本身相对稳定，这时实施较严格的涨跌幅限制会增加触板事件的发生。这一结果是对涨跌幅限制影响的延伸与补充，是对Westerhoff（2003）[137]、Yeh和Yang（2010）[138]研究涨跌幅限制的日间影响的补充，本部分的研究结果从触板步长反映不同触板类型角度展现了涨跌幅限制的日内影响。

分析涨跌幅限制的大小对触板事件的影响具有重要的现实意义。对于市场监管者，如果市场中趋势交易者比例较高时，无论实施何种涨跌幅限制，都很容易发生触板事件。这时实施较小的涨跌幅限制更有利于防止股价过快的暴涨或暴跌，虽然还是会发生较多次数的触板事件，但是股价的变动幅度较小，更有利于防止股价过快的暴涨或暴跌，一定程度上能够起到稳定市场的作用。如果市场中基本值交易者比例较高时，那么采用不同的涨跌幅限制会对市场产生不同的影响。严格的涨跌幅限制会使得交易空间变小，更容易发生触板事件，而宽松的涨跌幅限制能够起到稳定市场价格的作用。总之，市场中如果有较少的趋势交易者和较多的基本值交易者，同时伴随较为宽松的涨跌幅限制政策，会创造一个较为健康的投资环境。

通过研究涨跌幅限制和交易者比例对触板事件的影响，我们认为市场监管者在进行市场监管政策制定时要根据不同的市场环境制定，只有在充分了解市场环境的前提下，制度才能最大限度地发挥其作用。对于市场交易者，要时刻保持警惕，并充分分析市场环境，特别是在趋势交易者占优的市场和严格涨跌幅限制的市场，短时快速触板事件的发生很容易让人措手不及，很容易被排斥在流动性之外，使得交易无法达成。这部分结果不禁让人想到2020年由于COVID-19疫情而实施的机票限购和机票熔断事件，各个国家之间减少航班往来是防止疫情传播蔓延的有效工具，对于国家安全是一个有效保障。与此同时，由疫情所带来的对未来预期的不确定性以及人们希望避险的交易心理使市场中的交易者对国际机票的需求大大增加，人们非常迫切地想要抢到国际机票。由于现实条件所迫导致了机票的供给量减少和交易者需求量的暴增，使机票市场出现了开售即售罄的景象。这与我们模型的结果非常一致，减少航班的举措就类似于将市场中原本宽松的涨跌幅限制收紧，交易者对于机票的狂热需求就类似于模型中趋势交易者占优的市场。正如我们模型结果展示的那样，在一个趋势交易者完全占优的市场中实施严格的涨跌幅限制，市场会非常快速地到达价格限制，如果交易者不能尽早预料这一市场环境，就会被排斥在流动性之外。现实中的案例给我们以警示，交易者要充分分析市场环境，评判市场风险，及时作出政策调整，避免被排斥在流动性之外。

二、磁吸效应

与第二章第二节实证分析研究磁吸效应的方法相同，这一节我们依然使用基于股价变动速度的二次回归模型，使用时间距离作为自变量，市场微观结构变量作为因变量，用二次函数对触板发生前的交易活动进行建模：

$$\Pi_{\tau,t,\xi} = \alpha + \beta \chi_{\tau,t,\xi} + \gamma \chi^2_{\tau,t,k} + \varepsilon_{\tau,t,\xi} \tag{3-13}$$

其中，$\chi_{\tau,t,\xi}$ 表示时间距离，$\Pi_{\tau,t,\xi}$ 表示市场微观结构变量。$\chi_{\tau,t,\xi}$ 的取值范围同样是1~6，分别表示触板前30分钟的各个时间段。式（3-13）与式（2-5）有两处不同。第一个不同之处是将 j 换成了 ξ，ξ 表示第 ξ 次触板的样本，因为在我们的模型中只有一只股票。第二个不同之处是实证分析中的市场微观变量指标有四个，而模型中 $\Pi_{\tau,t,\xi}$ 包含的市场微观变量指标有六个，除了前面提到的收益率、成交量、订单流和波动率，我们还加入了交易者提交市价单比例指标和市价单成交量指标。前四个指标的计算方法与实证研究中这些指标的计算方法一样,新加入的指标计算方法如下:交易者提交市价单概率指标是计算触板事件发生前每个时间间隔$\chi_{\tau,t,\xi}$内所有进场交易的交易者提交市价订单概率的平均值。市价单成交量指标是计算触板事件发生前每个$\chi_{\tau,t,\xi}$内实际成交的市价单数量占总成交量的比例。因为市价单信息在实证数据中我们无法获得,但是在模型中以上这六个市场微观变量指标我们都可以获得,能够更加充分地对磁吸效应模式进行分析。

同样地,我们用收益率指标的二次项系数的符号作为判断磁吸效应是否存在的依据。如果收益率指标的二次项系数γ显著大于0,说明随着接近触板时刻,股票价格的运动速度显著提高,支持磁吸效应存在。

1. 磁吸效应发生率

在表3-1的参数设置下,当趋势交易者和基本值交易者比例为1∶1时,我们取涨跌幅限制为$L=1\%$、2%、3%、4%、5%,在每个涨跌幅限制下模拟10次,寻找触板事件样本。无论模型还是实证研究,我们都重点关注股价触板前30分钟内的交易信息,所以有效的触板事件样本是保证触板步长大于或等于5的事件。表3-3展示了当涨跌幅限制$L=1\%$、2%、3%、4%、5%时,上限触板和下限触板次数以及磁吸效应发生频数和磁吸效应发生率的统计结果。

表3-3 当$L=1\%$,2%,3%,4%,5%时,上限触板和下限触板次数以及磁吸效应发生率的统计

观测值	$L=1\%$	$L=2\%$	$L=3\%$	$L=4\%$	$L=5\%$	总数
上限触板	449	676	298	344	253	2020
下限触板	489	634	432	406	412	2373
总触板次数	938	1310	730	750	665	4393
磁吸效应发生频数	663	815	434	510	475	2897
磁吸效应发生率	70.68%	62.21%	59.45%	68.00%	71.43%	65.95%

从表3-3的结果可以看出,在触板样本数量方面,我们保证有效的触板样本总数为4393次,其中上限触板2020次,下限触板2373次,是数量比较大的样本。其中,在不同的涨跌幅限制下,有效触板样本数量并没有明显差别,也就是说在我们选定的涨跌幅限制范围内,涨跌幅限制和触板次数之间是非单调的关系。同时,在模型中我们没有非对称的设置,而实验结果也没有呈现涨停次数和跌停次数的不对称,所以在后面的研究中我们就不严格区分涨停触板的磁吸效应和跌停触板的磁吸效应,而是将它们放在一起来讨论。

在磁吸效应发生率方面,表3-3最后一行展示了模型的磁吸效应发生率。磁吸效应发生率的计算方法就是看具有磁吸效应的样本数量占总触板次数的比率。我们发现不同涨跌幅限制下磁吸效应发生率均超过了50%,在总体4393次触板事件中,具有磁吸效应的样本数量有2897次,模型总磁吸效应发生率为65.95%。这与实证研究中美国市场的52.30%、韩国市场的60.19%等都有比较好的对应。表3-4展示了将模型研究添加到实证研究中的结果,即对表2-3的扩展,实验结果表明我们的模型可以重现磁吸效应,并且模型中的磁吸效应发生率与实证研究中磁吸效应发生率能够较好地吻合。无论是模型结果还是实证研究结果都支持当市场中发生涨跌停板事件或熔断事件时,市场中较大概率会伴随着磁吸效应。

表3-4 熔断和触板事件样本和磁吸效应发生率(模型与实证对照)

熔断或触板事件	模型	2020年3月18日 S&P 500	2020年3月13日 KOSPI	2020年3月19日 KOSPI	2020年3月11日 IBOV	2020年3月18日 IBOV	2020年3月23日 BSE	2020年3月23日 NIFTY	2020年3月12日 PSEI	2020年3月12日 MEXBOL	2020年3月 CSI300 涨停	2020年3月 CSI300 跌停
熔断或触板样本数	4393	501	751	752	77	77	30	50	30	35	76	31

续表

熔断或触板事件	模型	2020年3月18日 S&P 500	2020年3月13日 KOSPI	2020年3月19日 KOSPI	2020年3月11日 IBOV	2020年3月18日 IBOV	2020年3月23日 BSE	2020年3月23日 NIFTY	2020年3月12日 PSEI	2020年3月12日 MEXBOL	2020年3月 CSI300 涨停	2020年3月 CSI300 跌停
磁吸效应出现次数	2897	262	452	620	70	33	10	19	13	11	65	21
磁吸效应发生率	65.95%	52.30%	60.19%	82.45%	90.91%	42.86%	33.33%	38.00%	43.33%	31.43%	85.52%	67.74%

2. 典型的磁吸效应模式

本节将展示模型的磁吸效应模式，即对满足磁吸效应条件的样本进行模式分类。在保证收益率指标二次项系数为正的条件下，根据其余五个市场微观变量指标，即成交量、订单流、波动率、交易者提交市价订单比例和市价单成交量这五个指标的二次项系数 γ 的正负组合，将磁吸效应样本分成 32 个类型，并按照每种类型出现的总频数排序，分类结果如表 3-5 所示。表格虽然展示了不同涨跌幅限制下各磁吸效应类型出现的次数，但我们发现不同涨跌幅限制下各类型出现的次数排序并没有明显的差别，所以我们将不同涨跌幅限制的样本放在一起讨论，重点关注总体上更经常出现的磁吸效应类型。实际上这 32 种类型是上一章实证研究中 8 分类结果的延伸。以 Type 1 为例，因为加入了交易者提交市价单比例指标和市价单成交量指标，所以在 32 分类下，Type 1 就分成了 Type 1a、Type 1b、Type 1c 和 Type 1d 这四类。为了与实证研究结果进行对照，我们还计算了模型按照实证中四个指标 8 分类结果，与实证研究部分相对照，结果如表 3-6 所示，从实验结果来看，模型与实证中都是 Type 1 类型出现最多，说明模型结果与实证研究能够很好地对应起来。

表 3-5 按照收益率、成交量、订单流、交易者提交市价订单比例、市价单成交量指标将磁吸效应样本进行 32 分类，并按照每种类型出现的频数进行排序的结果

类型	收益率	成交量	订单流	波动率	交易者提交市价订单比例	市价单成交量	$L=1\%$	$L=2\%$	$L=3\%$	$L=4\%$	$L=5\%$	总数	比例
Type 1a	+	−	+	−	+	−	67	85	36	45	43	276	9.53%
Type 1b	+	−	+	−	+	+	51	72	31	55	34	243	8.39%
Type 2a	+	+	+	−	+	+	43	60	26	39	29	197	6.80%
Type 3a	+	−	−	−	+	−	36	43	26	27	31	163	5.63%
Type 3b	+	−	−	−	+	+	31	49	26	28	16	150	5.18%
Type 5a	+	+	+	+	−	−	40	42	19	20	19	140	4.83%
Type 4a	+	+	−	+	+	+	36	42	18	19	25	140	4.83%
Type 8a	+	+	−	−	+	+	35	35	20	22	16	128	4.42%
Type 2b	+	+	+	−	+	−	21	27	23	37	20	128	4.42%
Type 6a	+	−	−	+	+	−	21	40	15	18	22	116	4.00%
Type 7a	+	−	+	+	−	−	27	31	15	24	18	115	3.97%
Type 5b	+	+	+	+	−	+	25	18	16	14	15	88	3.04%
Type 6b	+	−	−	+	+	+	15	26	13	21	12	87	3.00%
Type 7b	+	−	+	+	−	+	21	21	12	12	18	84	2.90%
Type 8b	+	+	−	−	+	−	15	25	13	14	13	80	2.76%
Type 4b	+	+	−	+	+	−	13	20	14	13	15	75	2.59%
Type 4c	+	+	−	+	−	+	14	28	10	4	8	64	2.21%
Type 4d	+	+	−	+	−	−	16	11	11	5	14	57	1.97%
Type 6c	+	−	−	+	−	+	7	14	9	13	10	53	1.83%
Type 7c	+	−	+	+	+	−	6	20	13	6	8	53	1.83%
Type 3c	+	−	−	−	−	−	21	8	7	8	8	52	1.79%
Type 5c	+	+	+	+	+	+	9	14	11	8	8	50	1.73%
Type 6d	+	−	−	+	−	−	12	11	0	11	10	44	1.52%
Type 1c	+	−	+	−	−	−	11	13	6	4	8	42	1.45%
Type 5d	+	+	+	+	+	−	9	9	10	7	4	39	1.35%
Type 8c	+	+	−	−	−	+	10	8	7	9	4	38	1.31%
Type 1d	+	−	+	−	−	+	9	14	2	2	10	37	1.28%
Type 2c	+	+	+	−	−	−	8	9	5	5	10	37	1.28%
Type 2d	+	+	+	−	−	+	10	4	6	6	9	35	1.21%
Type 3d	+	−	−	−	−	+	11	9	2	4	5	31	1.07%
Type 8d	+	+	−	−	−	−	9	5	5	5	6	30	1.04%
Type 7d	+	−	+	+	+	+	4	2	7	5	7	25	0.86%

第三章　涨跌幅限制的磁吸效应研究

表3-6　8种磁吸效应类型以及各市场磁吸效应类型比例和按照比例排序的结果（模型与实证对照）

磁吸类型	收益率	成交量	订单流	波动率	模型	2020年3月18日 S&P 500	2020年3月13日 KOSPI	2020年3月19日 KOSPI	2020年3月11日 IBOV	2020年3月18日 IBOV	2020年3月23日 BSE	2020年3月23日 NIFTY	2020年3月12日 PSEI	2020年3月12日 MEXBOL	2020年3月 CSI300 涨停	2020年3月 CSI300 跌停
Type 1	+	-	+	-	1 (20.64%)	1 (33.59%)	2 (17.26%)	1 (21.29%)	5 (7.14%)	1 (30.31%)	8 (0.00%)	2 (26.32%)	1 (23.08%)	2 (18.18%)	6 (1.54%)	6 (0.00%)
Type 2	+	+	+	-	2 (13.70%)	5 (8.78%)	5 (10.62%)	5 (11.29%)	7 (1.43%)	3 (15.15%)	4 (10.00%)	7 (0.00%)	5 (7.69%)	4 (9.09%)	3 (7.69%)	3 (14.29%)
Type 3	+	-	-	+	3 (13.67%)	2 (19.47%)	3 (15.71%)	2 (17.74%)	5 (7.14%)	2 (21.21%)	4 (10.00%)	5 (5.26%)	5 (7.69%)	4 (9.09%)	7 (0.00%)	6 (0.00%)
Type 4	+	+	-	+	4 (11.60%)	6 (8.02%)	4 (15.04%)	3 (12.10%)	3 (14.29%)	7 (3.03%)	1 (20.00%)	1 (31.58%)	1 (23.08%)	2 (18.18%)	2 (38.46%)	1 (42.86%)
Type 5	+	+	+	+	5 (10.94%)	4 (9.92%)	1 (18.14%)	5 (11.29%)	1 (28.57%)	7 (3.03%)	1 (20.00%)	4 (10.53%)	5 (7.69%)	1 (45.46%)	1 (46.15%)	2 (28.57%)
Type 6	+	-	-	+	6 (10.36%)	8 (4.20%)	8 (5.97%)	7 (8.39%)	4 (12.86%)	5 (9.09%)	4 (10.00%)	5 (5.26%)	3 (15.38%)	6 (0.00%)	4 (3.08%)	6 (0.00%)
Type 7	+	+	+	+	7 (9.56%)	3 (11.07%)	7 (8.19%)	8 (6.45%)	2 (27.14%)	4 (12.12%)	4 (10.00%)	3 (21.05%)	3 (15.38%)	6 (0.00%)	7 (0.00%)	5 (0.47%)
Type 8	+	-	+	-	8 (9.53%)	7 (4.96%)	6 (9.07%)	4 (11.45%)	7 (1.43%)	6 (6.06%)	1 (20.00%)	7 (0.00%)	8 (0.00%)	6 (0.00%)	4 (3.08%)	4 (9.52%)

· 75 ·

我们用模型中最常出现的前三种磁吸效应来解释磁吸效应现象。表3-7展示了模型磁吸效应样本中最常出现的三种磁吸效应模式，即Type 1a、Type 1b和Type 2a，分别出现了276次、243次和197次。从定量分析角度，我们对这三种模式中六个市场微观变量指标的二次项系数γ进行了显著性检验，表3-7的结果表明所有系数至少通过了显著性水平为5%的显著性检验。从定性的角度，我们绘制了这三种典型磁吸效应模式在触板事件发生前，六个市场微观变量的运动趋势。结果如图3-6、图3-7和图3-8所示。

表3-7 三种典型磁吸效应模式二次项系数检验

磁吸效应模式	样本量	收益率	成交量	订单流	波动率	交易者提交市价订单比例	市价单成交量
Type 1a	276	0.0011*	-2.5723**	0.0112**	-0.0004**	0.0336*	-0.0199**
Type 1b	243	0.0012**	-3.7914**	0.0139*	-0.0004**	0.0361**	0.0198**
Type 2a	197	0.0012**	1.8004*	0.0099**	-0.0004**	0.0361**	0.0225**

注：六个市场微观变量二次项系数γ的大小，**表示在1%水平下显著，*表示在5%水平下显著。

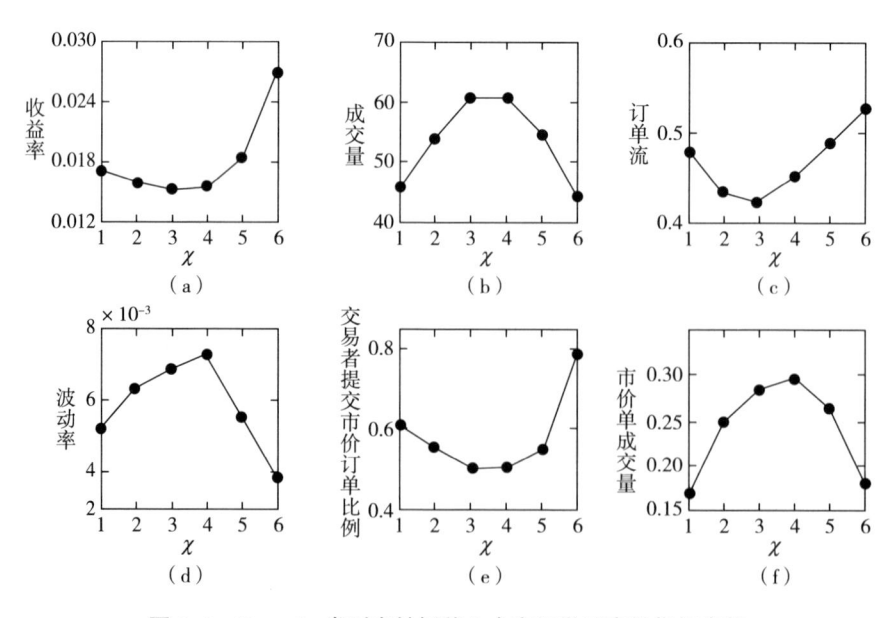

图3-6 Type 1a类型在触板前六个市场微观变量指标走势

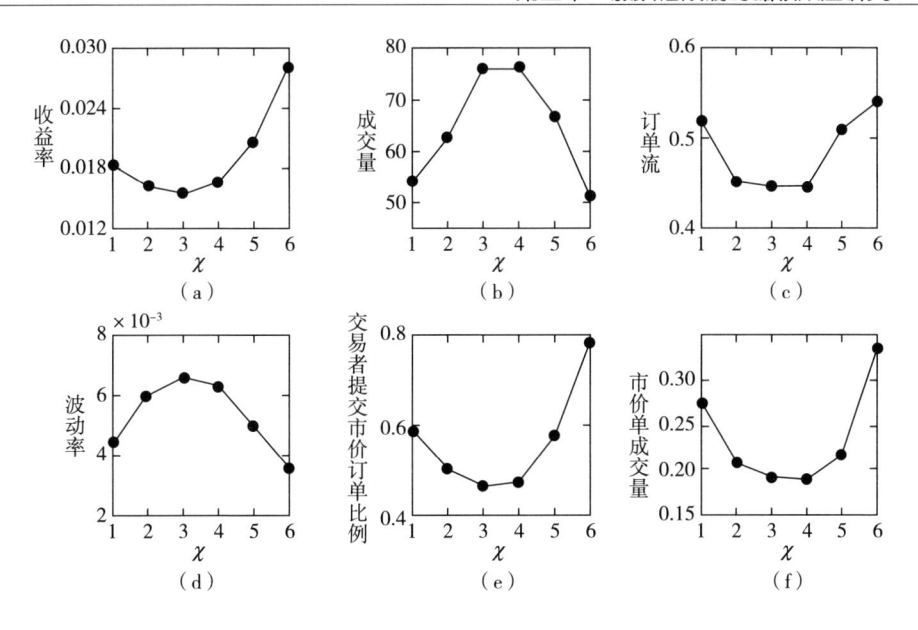

图 3-7 Type 1b 类型在触板前六个市场微观变量指标走势

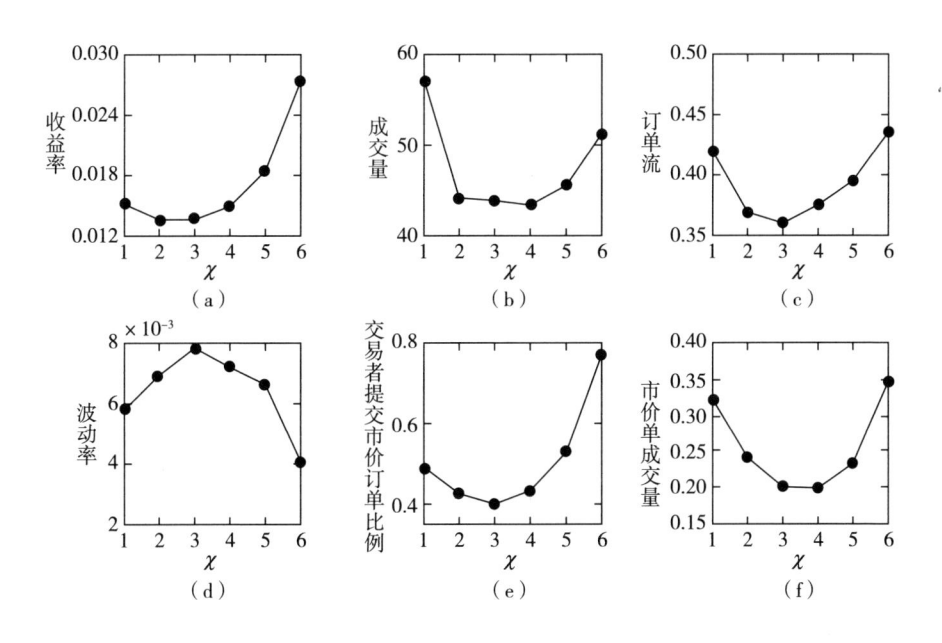

图 3-8 Type 2a 类型在触板前六个市场微观变量指标走势

通过对三种出现次数最多的磁吸效应模式进行定量和定性分析，我们发现这三种磁吸效应模型呈现出一定的共性：

一是随着接近触板事件发生，收益率指标呈现出加速运动趋势，如图3-6（a）、图3-7（a）、图3-8（a）所示，这也是我们判断磁吸效应出现的重要依据。

二是随着接近触板事件发生，交易者行为趋同性呈现出加速运动趋势，如图3-6（c）、图3-7（c）、图3-8（c）所示，这说明市场中原本异质的交易者行为逐渐趋同，一定程度上说明市场中出现了羊群效应。

三是随着接近触板事件发生，波动率指标呈现出加速减少的运动趋势，如图3-6（d）、图3-7（d）、图3-8（d）所示，这是因为当股票价格接近涨跌幅限制时，买卖价差变小，成交价的变化范围逐渐变小。

四是随着接近触板事件发生，交易者提交市价单比例指标呈现出加速运动趋势，如图3-6（e）、图3-7（e）、图3-8（e）所示，这反映了实际市场中随着接近触板事件的发生，交易者迫切地想进行交易的心理。

实证研究中出现次数最多的Type 1和Type 5的共同点是收益率指标和交易者行为一致性指标在触板前加速运动。模型的结果与实证结果能够很好地吻合。并且我们还发现交易者行为的一致性和交易者提交市价订单比例是反映交易者行为的重要指标，这两个指标的一致性说明触板事件发生前，交易者行为一致性的提升和交易者迫切地想进行交易的行为是造成磁吸效应的重要因素，这一论点与Miller（1989）[130]的工作、Greenwald和Stein（1991）[79]的工作以及Gerety和Mulherin（1992）[131]工作中的观点相吻合。

这三种模式的差异性在于成交量指标和市价单成交量指标具有上升或下降的不确定性。但正是这两个指标的不确定性，说明了在价格快速变动的情况下市场流动性的不确定。随着时间接近触板时刻，交易者行为趋同性逐渐增强，这时如果市场中有流动性交易者愿意提供流动性，则成交量会上升，如图3-8（b）所示；如果市场中没有流动性交易者愿意提供流动性，则成交量有减少的趋势，如图 3-6（b）和图 3-7（b）所示。市价单成交量指标同理，虽然市场中交易者迫切地想进行交易，也就是市场中提交市价单的交易者比例显著增加，但是如果没有流动性的提供，市价单成交量依然会减少。

实验结果给我们的启示是：作为市场中的交易者，当股票价格快速变化，有接近触板价格的趋势时，抢占流动性先机很重要，否则就可能会因为交易者行为趋同性造成流动性缺失而无法进行交易。

第四节 本章小结

第二章我们对七个国家在 2020 年 3 月发生的 10 次熔断或涨跌停板事件进行研究，通过使用改进的基于股价变动速度的二次回归模型，分析了实际市场中的磁吸效应发生率以及磁吸效应类型。实证结果显示超过半数的市场都伴随着 50%以上的磁吸效应发生率，说明在触板事件发生时，确实常常会伴随着磁吸效应的发生。同时我们发现实证中最常出现的磁吸效应类型是 Type1，即随着接近触板事件，收益率指标和交易者行为一致性指标的运动速度显著提高，成交量和波动率的运动速度显著降低。为了重现触板现象、磁吸效应等经验事实，并对磁吸效应发生的原因提供合理的解释，本章我们采用多主体模拟的方法构建一个具有涨跌幅限制的单资产股票市场多主体模型来研究磁吸效应。

从磁吸效应发生率看，模型中磁吸效应发生率为 65.95%。这与实证研究中美国市场的 52.30%、韩国市场的 60.19% 等都有比较好的对应。这也再一次印证了触板事件的发生大概率会伴随着磁吸效应，但也会因为市场特点不同而具有不同的磁吸效应发生率。磁吸效应发生率的提出很好地解决了学者们对于磁吸效应是否存在的争议，我们不应该像之前的研究那样从平均数的角度为一个市场定论磁吸效应存在还是不存在，而是从磁吸效应发生率角度给交易者和监管者提供参考。

从磁吸效应模式看，模型扩展了实证分析中成交量、订单流和波动率的 8 分类模式，通过加入交易者提交市价订单比例指标和市价单成交量指标得到了 32 分类结果，更充分地展示了磁吸效应模式。结果发现模型结果与实证研究结果吻合得较好，市场中更多地出现随着接近触板事件的发生，收益率指标和交易者行为一致性指标显著增加的趋势，并且在模型中随着接近触板事件的发生，交易者提交市价单比例指标也呈现出显著增加的趋势。我们发现交易者行为趋同和交易者迫切地想进行交易的心理是导致磁吸效应发生的一个重要原因，总之，尽管价格限制具有价格稳定效应[139]、冷却效应[112]和福利效应[140]，但有时价格限制本身就是一个信号，会引发交易者行为的改变，并导致磁吸效应。磁吸效应模式的提出则是进一步向交易者和监管者展示，如果磁吸效应发生了，市场微观变量指标有什么样的变化，为交易者和监管者提供了参考。

从触板事件发生的角度，我们的模型发现交易者比例和涨跌幅限制的大小会影响触板事件出现的次数和触板类型。这是多主体模拟比单纯实证分析更有优势的地方，实证研究一般只能进行事后分析，而多主体模型可以控制变量，研究其中一个变量的改变对市场的影响，可以进行事前分析。实验结果表明市场环境的改变确实会影响触板事件的发生，趋势交易者占优的市场和严格的涨跌幅限制下会发生较多的触板事件。这给市场监管者以启示：政策的实施应该根据不同的市场环境来制定，只有在充分考虑市场环境的前提下，政策才能最大限度地发挥作用。同时，也给市场参与者以启示：要时刻关注市场动态，对市场环境进行评估，尤其是在涨跌幅限制比较严格的市场和趋势交易者比例占优的市场，及时快速地调整交易策略才能避免被头寸锁定，陷入流动性缺失。

第四章 极端小的涨跌幅限制的影响：中国市场的自然实验

上一章我们构建了具有涨跌幅限制的单资产股票市场多主体模型来研究磁吸效应，本章在前面模型框架的基础上继续进行研究，特别关注极端小的涨跌幅限制对股票市场的影响。中国股票市场发展早期曾频繁地调节涨跌幅限制，并且涨跌幅限制的阈值设置得都非常小，这时上证综指指数价格呈现出沿着涨跌幅限制单边上升或下降的趋势，并且股价的波动非常小，这为我们提供了一个非常好的自然实验。基于以上的发现，本章通过多主体模拟与实证研究相结合的方法，重点关注极端小的涨跌幅限制下股票价格的走势，重现中国股票市场发展早期单边价格形态，并给出一个中国股票市场早期上证综指单边价格走势的解释。

第一节 前言

涨跌幅限制作为一种市场稳定机制已经被世界上很多国家用来稳定市场，但是几乎所有国家的市场稳定机制都是在不断调整的，前文我们介绍过美国市场熔断机制的调整历程，本章我们将研究视角转回到中国市场。目前我国上海证券交易所和深圳证券交易所均采用10%的涨跌幅限制，但是，10%的涨跌幅限制是1996年12月26日开始实行的，我国股票市场在发展早期，1990年12月19日至1996年12月25日这六年内曾多次调整涨跌幅限制，并且涨跌幅限制的数值非常小，这一时期的股票价格呈现出沿着涨跌幅限制数值无波动的单边上升或者单边下降的价格形态。

涨跌幅限制作为一种强有力的政策手段，是一种外生变量。面对价格限制，金融市场主体会对这种政策信号做出什么样的反应，以及不同大小的涨跌幅限制下交易者行为、股票价格有怎样的特点，都是本章重点关注的内容。特别地，我们重点关注极端小的涨跌幅限制下的股票价格和交易者行为。从实证研究角度，中国股票市场在频繁调节涨跌幅限制的历史时期，市场行情状态的变化提供了一个非常好的自然实验。自然实验有很多可能性，但无论政策是如何制定的，我们主要关心的是政策实施后可观察的结果，即在较小的涨跌幅政策下的市场状态。参照中国股票市场发展早期的自然实验主要是强调其频繁地调整涨跌幅限制，并且这一限制设定得非常小。有学者对这一时期的中国股市进行研究。Su 和 Fleisher（1998）[141] 发现市场波动性的变化是受监管政策的影响。Mookerjee 和 Yu（1998，1999b）[142,143] 发现中国股市存在显著的负的周历效应和正的假日效应，并且涨跌幅限制对股票收益率有重要影响。Los 和 Yu（2008）[144] 发现中国股票市场在放松管制和重新管制前后都缺乏平稳性、遍历性和独立性。

在之前的实证研究中，学者们通常关注涨跌幅限制对市场的一般性影响，例如对股票价格波动性、价格发现效率、市场流动性和市场波动性等市场变量的影响。实证研究主要是事后研究，有数据依赖性，在制度实施之前很难对其实施的效果进行准确预测。也有一些学者用多主体模拟的方法来研究涨跌幅限制的影响。Westerhoff（2003，2006）[137,145] 建立了一个基于做市商机制的股票市场多主体模型，研究发现随着涨跌幅限制的放宽，股票价格的波动性越来越大，流动性越来越好，股票价格与基本值价格的偏离程度越来越大，价格发现效率较低。此外，Yeh 和 Yang（2010，2013）[138,146] 检验了有限理性和异质交易者的人工股票市场中涨跌幅限制的有效性，与 Westerhoff 在波动性和价格发现效率方面的研究结论相同，都是随着涨跌幅限制的放宽，市场波动性越来越大，价格发现效率较低。但是，在流动性方面，Yeh 和 Yang 的研究发现涨跌幅限制与市场流动性没有显著的线性相关关系，他们认为随着涨跌幅限制的放宽，交易者的提单数量有所上升，有助于流动性的提升，但是买卖价差的扩大又会降低流动性，最终使流动性与涨跌幅限制的大小存在着非单调的关系。Zhang 等（2016）[147] 的研究发现市场中实施宽松的涨跌幅限制会提高市场流动性，增加市场波动性和价格发现效率。

本章通过多主体模拟和实证研究相结合的方法来研究极端小的涨跌幅限制对股票市场的影响。我们通过对 1991~1996 年上证综指价格的实证分析，同时配合具有涨跌幅限制的单资产股票市场多主体模型，进行大量仿真实验。通过多主体模型能够重现实证研究中在极端小的涨跌幅限制下，股票价格可能会呈现沿着涨跌限制单边上升或下降的形态。我们认为出现这种现象的原因是市场中买方或者卖方主导了市场，即供给与需求严重失衡。同时，这种单边市场的形成也是由于交易者之间行为的一致性，而极端小的涨跌幅限制会帮助交易者达成行为一致性。这时，旨在控制股价过度波动的涨跌幅限制可能会导致股价在较长时间内继续上涨或下跌，甚至比波动率溢出效应带来的波动更大。

本章剩余部分的结构如下：在第二节中，我们对 1990~1996 年中国股票市场发展早期进行实证研究，分析指数价格形态。第三节介绍具有涨跌幅限制的单资产股票市场模型。第四节展示了模型参数和模拟结果，并对结果进行分析。第五节为本章小结。

第二节 中国股票市场发展早期的实证研究

中国股票市场是一个新兴市场。1990年11月26日，上海证券交易所建立，同年12月19日正式开市。上海证券交易所是保障中国金融体系稳定发展的重要机构，积极为国家和企业筹集资金，促进健康投资行为。1990年12月，上海证券交易所只有8只股票和22只债券，到现在已经发展成拥有1815家上市公司、1858只股票和46万亿元人民币股票市值的股票市场。上海证券综合指数简称上证综指，是加权综合股价指数。在中国股票市场的早期，有一种用政策调控市场的倾向，其主要表现就是利用涨跌幅限制来限制个股价格，并且价格限制变动频繁，数值还都比较小，有的时期还有换手率要求。表4-1展示的是上海证券交易所在各个时期的涨跌幅限制及换手率要求，数据来源于中国证券市场与会计研究数据库。

表4-1 上海证券交易所各个时期涨跌幅限制和换手率要求

时间	实施交易日	涨跌幅限制	换手率
1990年12月19日至1990年12月26日	6	5%	无
1990年12月27日至1991年1月4日	6	1%	0.30%
1991年1月7日至1991年4月25日	77	0.50%	0.30%
1991年4月26日至1992年5月20日	271	1%	0.30%
1992年5月21日至1996年12月25日	1162	无	无
1996年12月26日至今	—	10%	无

一、在不同涨跌幅限制下的指数价格

本部分我们展示的是1990年12月19日至1999年12月30日，上证综指

2254个交易日的日收盘价和成交量,更深入地了解中国股票市场发展早期不同涨跌幅限制下资产价格的走势特征。

图4-1(a)展示了1990年12月19日至26日共六个交易日,在5%的涨跌幅限制下,上证综指价格走势。上证综指价格在这一区间内持续上涨,收益率均大于4%,非常接近涨跌幅限制的上限。值得注意的是,因为价格限制是针对个股的,所以对于股指来说很难直接达到上限。从成交量上看,首个交易日成交量较大,之后相对稳定。这一时期的交易者对新兴股市表现出看涨预期,需求旺盛,这一时期的市场特征是需求大于供给。为了控制市场风险,1990年12月27日至1991年1月4日,涨跌幅限制从5%调整为1%,伴随0.3%的换手率。图4-1(b)展示的就是1%的涨跌幅限制下上证综指价格走势,与实施5%的涨跌幅限制类似,指数价格依然表现出每个交易日的涨幅都接近1%的单边上涨趋势。此外前期成交量相对稳定,最后一个交易日的成交量较前几日有所上升,人们对

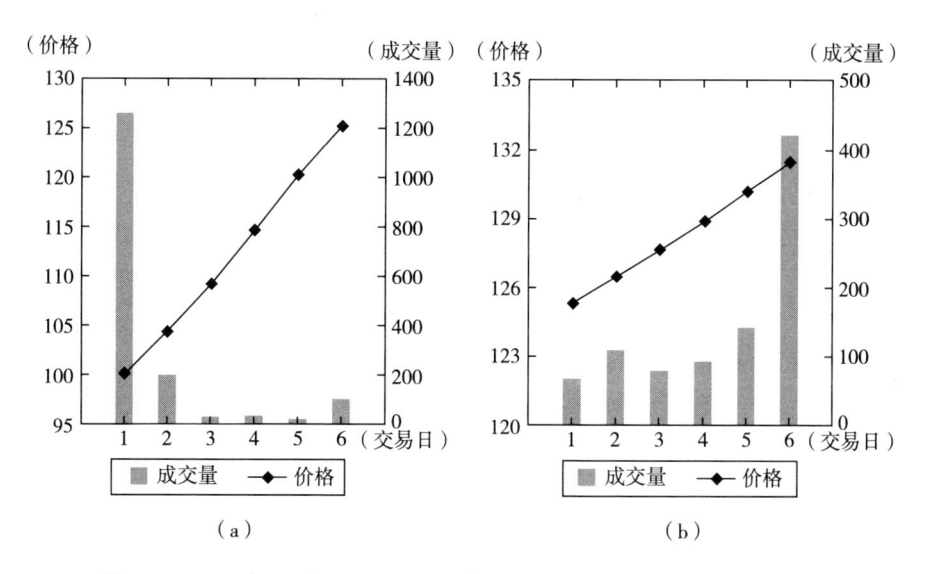

图4-1　1990年12月19日至1991年1月4日上证综指价格和成交量

注:(a) 1990年12月19日至12月26日共6个交易日,在5%的涨跌幅限制下,上证综指价格和成交量图;(b) 1990年12月27日至1991年1月4日共6个交易日,在1%的涨跌幅限制下,上证综指价格和成交量图。

股市仍有看涨预期。图4-1展示的这两个时期，上证综指价格呈现出单边上涨的特征。为了防止股票价格的过快上涨，上海证券交易所将涨跌限制由1%缩小到0.5%，图4-2展示的是1991年1月7日至4月25日共77个交易日，在0.5%的涨跌幅限制下，上证综指价格和成交量。在实施0.5%涨跌幅限制初期，指数价格依然单边上涨，1991年1月中旬，指数价格已经上涨到134.74点，但在这之后经历了一个较长的调整期。此后，指数价格也有上升，但是主导趋势是下跌。1991年4月25日，上证综指价格收于115.36点，比1991年1月中旬下跌近15%。回顾这段时间涨跌幅限制的调整，从5%到1%，再到0.5%，主要是防止股价过快上涨。然而，1991年1月中旬之后，指数价格呈现出下降趋势，一定程度上说明涨跌幅限制的缩小对交易者来说是负面的市场信号。

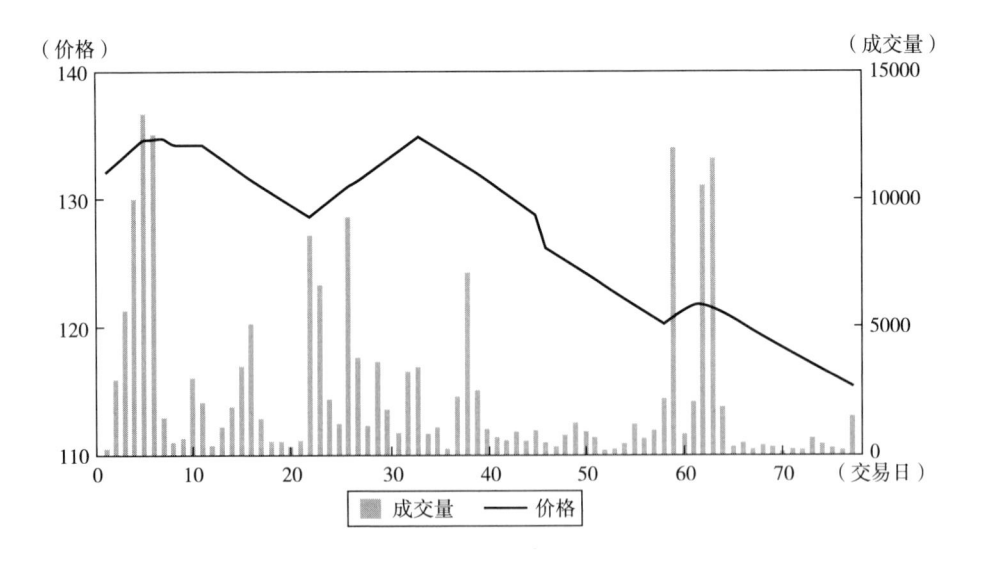

图4-2 1991年1月7日至4月25日，共77个交易日，在0.5%的涨跌幅限制下，上证综指价格和成交量

上证综指连续下跌并不是一个好趋势。因此，自1991年4月26日起，上海证券交易所恢复了1%的涨跌幅限制。图4-3显示市场很快看到了1%的涨跌幅

限制是一个积极的信号，上证综指价格呈现出上升趋势。很快上证综指价格就走出低谷，同年7月指数重新回到1月的水平。此后，上证综指价格持续走高，这一时期中国股市发展迅速，交易活跃，上涨势头很足。1%的价格限制持续到1992年5月20日，随后，上海证券交易所全面放开，允许股票价格由市场决定，这一时期取消了涨跌幅限制。图4-4显示该指数1992年5月21日至1996年12月25日，共1162个交易日的指数价格和成交量。这四年多的时间，中国股市不受每日涨跌幅限制的约束，价格指数的波动率有明显的增加，并呈现出阶段性的暴涨暴跌。在1992年5月21日，上证综指价格从616.99点升至1266.49点，涨幅超过一倍，这是取消涨跌幅限制的首个交易日，然而到1994年7月29日，指数价格跌至333.92点。为了维护中国股票市场秩序，1996年12月26日开始中国股市实行了10%的涨跌幅限制，图4-5展示了从1996年12月26日到1999年12月30日，共732个交易日，在10%的涨跌幅限制下，上证综指价格和成交量图，可以明显地看出指数价格的波动性小于上一个时期。10%的涨跌幅限制到今天依然适用。

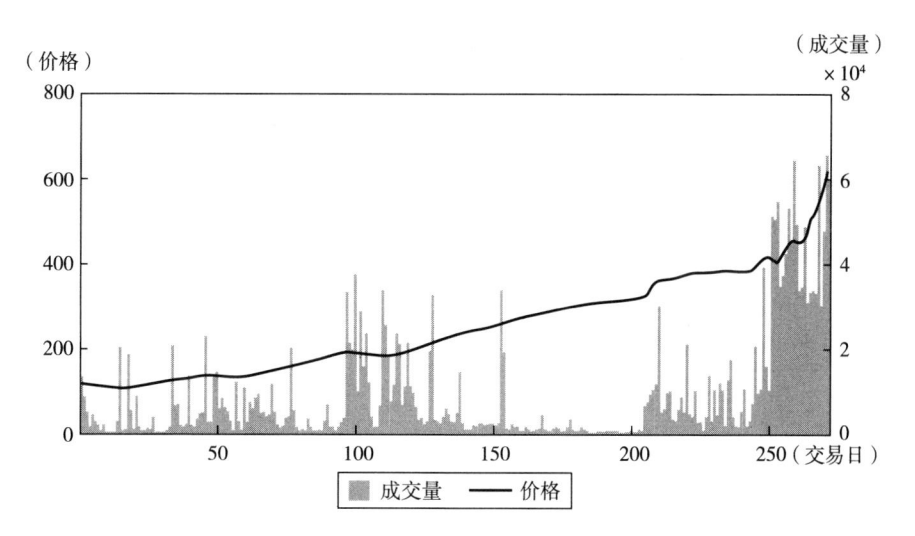

图4-3 1991年4月26日至1992年5月20日，共271个交易日，在1%涨跌幅限制下，上证综指价格和成交量

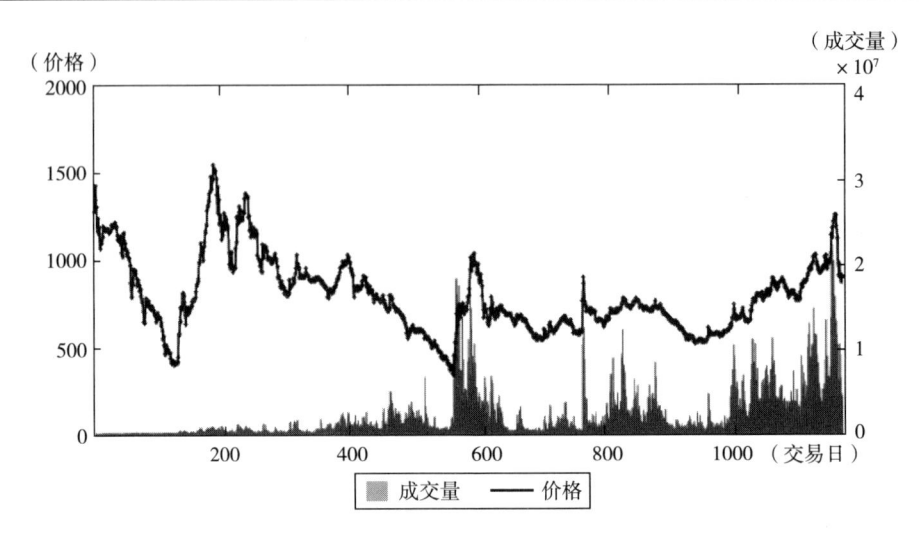

图 4-4 1992 年 5 月 21 日至 1996 年 12 月 25 日，共 1162 个交易日，市场中没有涨跌幅限制约束下，上证综指价格和成交量

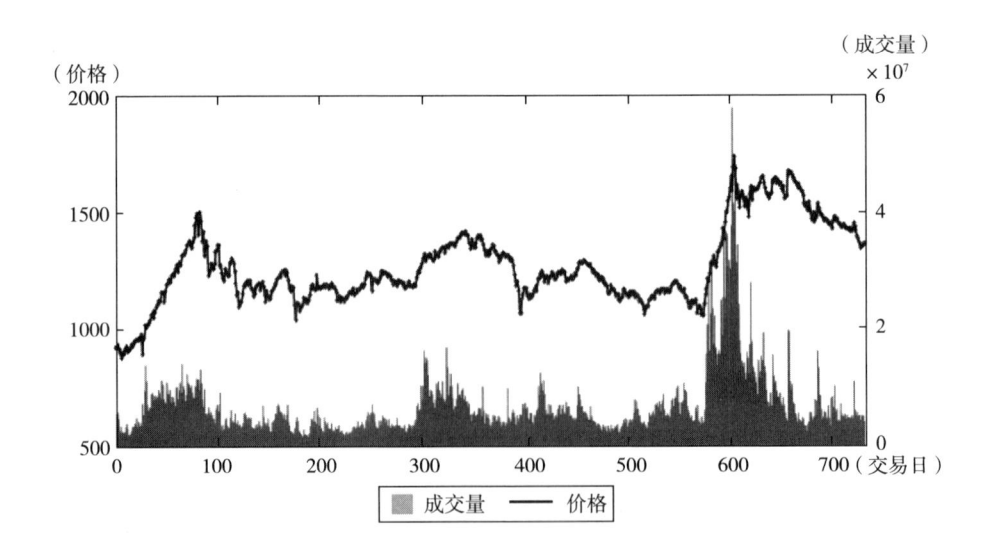

图 4-5 1996 年 12 月 26 日至 1999 年 12 月 30 日，共 732 个交易日，在 10% 的涨跌幅限制下，上证综指价格和成交量

二、指数收益率的描述性统计分析

表4-2展示了1991年1月7日至1999年12月30日,对应图4-2、图4-3、图4-4和图4-5涨跌幅限制分别为0.5%,1%,无涨跌幅限制和10%时,上证综指收益率的描述性统计分析结果。只分析后面四个阶段,是因为前两个阶段分别只有6个交易日使用了5%和1%的涨跌幅限制,我们可以从图4-1(a)和图4-1(b)直观地看出其价格特点。我们采用日对数收益率 $r_t = \ln\left(\dfrac{P_t}{P_{t-1}}\right)$ 计算股指收益率。从表4-2中我们可以看出,涨跌幅限制越小,收益率的标准差就越小。也就是说价格限制确实可以减少股票价格的波动。值得强调的是,当涨跌幅限制为0.5%和1%时,指数收益率的最大值或最小值有超过涨跌幅限制的情况,这是因为在涨跌幅限制政策转变的过渡时期,会有部分股票率先放开涨跌幅限制,由于这部分股票的上涨或下跌会带动股指的上涨或下跌,从而使股指的涨跌超出涨跌幅限制的范围。

表4-2 1991年1月7日至1999年12月30日上证综指收益率的描述性统计分析

时间	涨跌幅限制	最大值	最小值	标准差	偏度	峰度
1991年1月7日至1991年4月25日	0.5%	0.005	−0.0206	0.0042	−0.5115	6.9365
1991年4月26日至1992年5月20日	1%	0.0528	−0.0251	0.0093	1.5941	9.5231
1992年5月21日至1996年12月25日	无	0.2886	−0.1791	0.0379	1.2854	12.8302
1996年12月26日至1999年12月30日	10%	0.0731	−0.0933	0.018	−0.6186	7.8565

注:所有阶段都不考虑政策实施第一天股价的变化,因为政策实施时的第一天通常是股票价格的调整期。

图4-6展示了这四个时期指数收益率的概率密度,实线是上证综指收益率的密度分布,虚线是与其同均值同方差的正态分布。当市场中实施严格的涨跌幅限制0.5%和1%时,对应图4-6(a)和图4-6(b)以及表4-2的前两行,可以

看出尽管收益率峰度的数值较小,但是其收益率的概率密度呈现多峰状态而不是金融市场典型事实中的尖峰厚尾性。同时,我们还可以看出峰值都是集中在涨跌幅限制附近。这一结果有力地证明了严格的涨跌幅限制确实会使股票价格沿着涨跌幅限制的数值无波动地单边上升或单边下降。当市场中涨跌幅限制放开时,对应图4-6(c)和图4-6(d)以及表4-2的后两行,可以看出指数收益率的概率

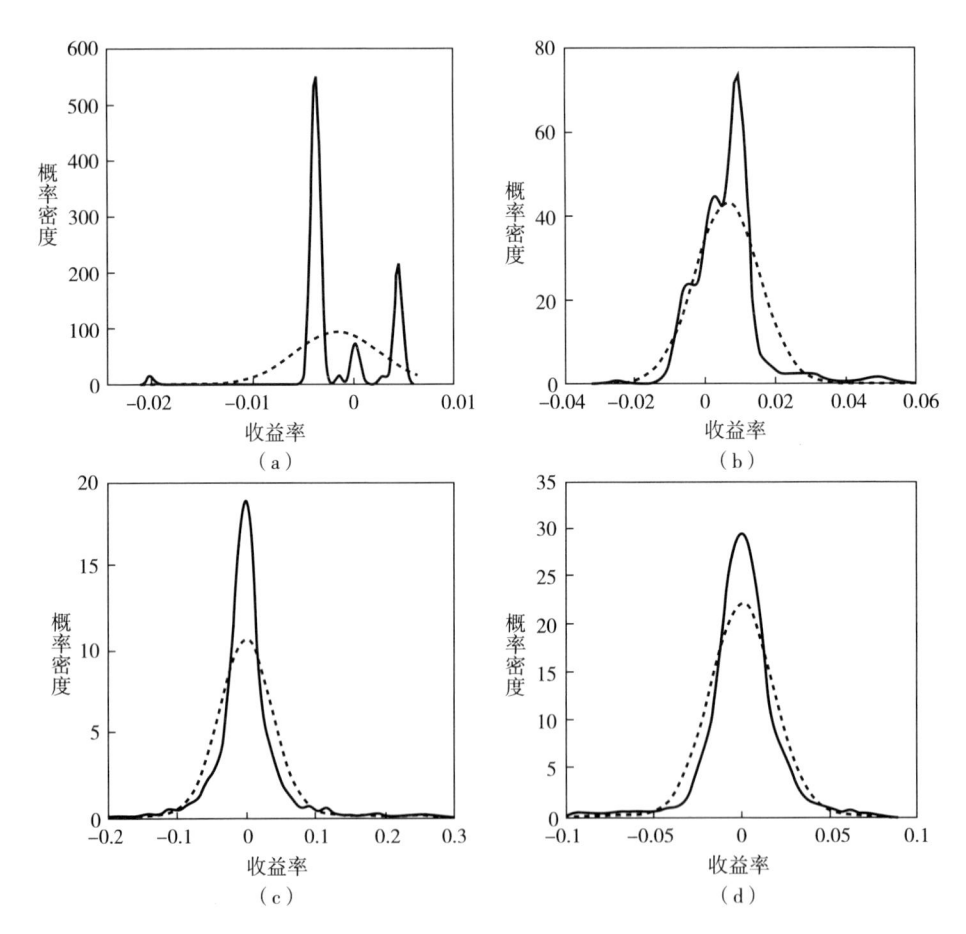

图4-6 1991年1月7日至1999年12月30日,上证综指收益率的概率密度分布。实线是上证综指收益率的密度分布,虚线是与其同均值同方差的正态分布

注:(a)0.5%涨跌幅限制下收益率的密度分布;(b)1%涨跌幅限制下收益率的密度分布;(c)没有涨跌幅限制下收益率的密度分布;(d)10%涨跌幅限制下收益率的密度分布。(a)(b)(c)(d)对应的指数价格分别为图4-2、图4-3、图4-4和图4-5。

密度呈现出厚尾性。此外，在没有涨跌幅限制的 1992 年 5 月 21 日至 1996 年 12 月 25 日，收益率的峰度值很大，高达 12.83，说明这一阶段股票收益率出现极端值的情况较多。由此可见，没有涨跌幅限制约束的股票市场会出现股价较大幅度的波动，选择合适的涨跌幅限制有助于金融市场的稳定发展。

从我国股票市场发展早期上证综指价格走势看，指数的价格形态和收益率的描述性统计在极小的涨跌幅限制和宽松的涨跌幅限制下存在明显差异。首先从股票价格形态来看，图 4-2 展示的是在 0.5%涨跌幅限制下股指的价格形态有明显的单边走势，这是一种典型的由极端小的涨跌幅限制引起的价格形态。相比之下，图 4-5 展示的是在 10%涨跌幅限制下股指价格呈现的连续上下波动是一般涨跌幅限制下的典型价格模式。其次从收益率的描述性统计来看，在极端小的涨跌幅限制下收益率的标准差明显小于一般的涨跌幅限制下收益率的标准差，如表 4-2 所示，第一行 0.5%涨跌幅限制下的标准差 0.0042 明显小于第四行 10%涨跌幅限制下 0.018 的标准差。并且在极端小的涨跌幅限制下，收益率的密度呈现出多峰分布，而在一般的涨跌幅限制下，收益率密度是厚尾分布的。最后从波动率测量的角度看，在极端小的涨跌幅限制下虽然每日波动率较小，但是这种长期单边价格走势使股价周波动率或月波动率远高于在一般的涨跌幅限制下的周波动率或月波动率。

从我国股票市场发展早期市场成交量看，在涨跌幅限制很小的价格阶段，成交量也非常小，这主要有两个原因。首先，当时中国股票市场是新兴市场，很多人对新兴市场的证券持观望态度，所以市场规模小。其次，在相对较小的涨跌幅限制下，股价很难有大幅度的波动，并且股市规模有限，可交易的股票数量很少，在这样的市场条件下，股票的持有者对自己手中的股票普遍是看涨预期，如果有人预期手中的股票会上涨 10%，当股价只上涨 1%时，他们不会选择卖出股票，这就造成了当时股票市场供给和需求的不匹配，出现有价无市的局面。

第三节　机制模型

本节在第三章具有涨跌幅限制的单资产股票市场多主体模型的框架下稍加改进，希望能给出中国股票市场早期上证综指价格走势的解释。本节模型与第三章模型的相似性和差异性如下：

相似性有以下几个方面：

（1）市场中交易者类型相同。市场中都是只有基本值交易者和趋势交易者，并且交易者可能有流动性交易需求或者策略性交易需求。

（2）两个模型都采用连续双向拍卖交易机制。

（3）交易者都受涨跌幅限制和财富限制的约束。

（4）两个模型市场中都仅有一种类型的股票。

（5）两个模型都不允许买空卖空。

差异性有以下几个方面：

（1）时间尺度不同。第三章的模型研究的是日内尺度涨跌幅限制的影响，在一个交易日内有48个小交易周期，而本章的模型不考虑日内多交易周期情况。

（2）提单类型不同。第三章的模型市场中的交易者既可以提交市价订单，也可以提交限价订单，而本章的模型市场中的交易者无论具有什么交易需求都只可以提交限价订单。

（3）交易者一天内的进场次数不同。第三章的模型交易者在一个交易日内可能有多次进场交易机会，而本章的模型市场中所有交易者在一个交易日内有且仅有一次进场交易机会。

交易者行为与交易机制

假定市场中有 N 个交易者,其中有 ρ 比例的基本值交易者和($1-\rho$)比例的趋势交易者,他们具有策略性交易需求和流动性交易需求。在每个交易日开始时,交易者会判断这一天具有何种交易需求。基本值交易者有 ρ_ε 的概率具有流动性交易需求,有 $1-\rho_\varepsilon$ 的概率具有策略性交易需求,从而选择基本值交易策略。趋势交易者有 ρ_ε 的概率具有流动性交易需求,有 $1-\rho_\varepsilon$ 的概率具有策略性交易需求,从而选择趋势交易策略。本章的模型依然采用连续双向拍卖交易机制,每个交易日开始时,所有交易者都有交易机会,当所有交易者都交易完毕时,一个交易日结束。无论交易者具有哪种交易需求,都只可以提交限价订单,图4-7为只允许提交限价订单情形下的连续双向拍卖机制示意图,与第三章既允许提交市价订单也可以提交限价订单的情况不同,只允许提交限价订单的连续双向拍卖交易机制更简洁,不用考虑市价订单优先交易的问题。交易者 i 在 $\kappa(t<\kappa<t+1)$ 时刻提交的限价订单包含委托提单价格 $y_{it\kappa}$ 和委托提单数量 $q_{it\kappa}$,如果限价订单可以成

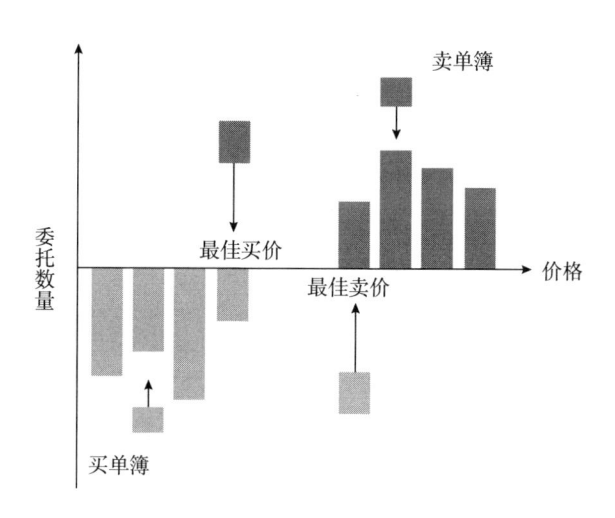

图4-7 只允许提交限价订单情形下的连续双向拍卖交易机制示意图

交，则交易价格就是股票的实时成交价格 $p_{t\kappa}$，每个交易日最后一笔交易的成交价格是当日股票的收盘价 P_t。

当交易者有流动性交易需求时，交易者会随机提交买卖订单，意愿提单价格与股票实际价格接近：

$$\widetilde{y}_{it\kappa} = p_{t\kappa} + \sigma_\varepsilon z_{t\kappa} \tag{4-1}$$

其中，$\sigma_\varepsilon > 0$ 是一个给定的常数来度量流动性交易的波动率，$z_{t\kappa} \sim N(0, 1)$ 是一个标准正态分布。意愿提单数量 $\widetilde{q}_{it\kappa}$ 是 $\{1, 2, \cdots, 5\}$ 中的随机数。

当交易者有基本值交易需求时，交易者会将股票基本值价格的变化作为自己的决策参考。基本值价格演化公式：

$$P_{t+1}^* = P_t^* e^{\sigma_f \nu_t} \tag{4-2}$$

其中，$\sigma_f \geq 0$，$\nu_t \sim N(0, 1)$ 服从标准正态分布。具有基本值交易需求的交易者提单意愿：

$$g_{it\kappa} = sgn(P_t^* - p_{t\kappa}) \tag{4-3}$$

当 $g_{it\kappa} = +1$ 时，交易者有买入意愿；当 $g_{it\kappa} = -1$ 时，交易者有卖出意愿；当 $g_{it\kappa} = 0$ 时，不提交订单。同时，其意愿提单价格 $\widetilde{y}_{it\kappa}$ 和意愿提单数量 $\widetilde{q}_{it\kappa}$ 分别为：

$$\widetilde{y}_{it\kappa} = p_{t\kappa}(1 + \Delta_f \Psi_{t\kappa}) \tag{4-4}$$

$$\widetilde{q}_{it\kappa} = \lfloor \theta | P_t^* - p_{t\kappa} | \rfloor \tag{4-5}$$

其中，$\theta > 0$ 是一个常数，用来衡量交易者对价差的敏感程度。

当交易者有趋势交易需求时，交易者会将股票价格的移动平均值作为自己的决策参考。股票价格的移动平均数 m_{it} 定义如下：

$$m_{it} = \frac{\sum_{j=1}^{d_i} P_{t-j}^{close}}{d_i} \tag{4-6}$$

不同的交易者可能会计算出不同的股价移动平均值 m_{it}，这是由于交易者选择参考的移动平均窗口长度 d_i 可能不尽相同，$d_i \in \{20, 21, \cdots, 100\}$。$P_t^{close}$ 表

示股票价在交易日 t 的收盘价。具有趋势交易需求的交易者提单意愿：

$$g_{it\kappa} = \text{sgn}(p_{t\kappa} - m_{it}) \tag{4-7}$$

同样地，当 $g_{it\kappa} = +1$ 时，交易者有买入意愿；当 $g_{it\kappa} = -1$ 时，交易者有卖出意愿；当 $g_{it\kappa} = 0$ 时，不提交订单。同时，其意愿提单价格 $\widetilde{y}_{it\kappa}$ 和意愿提单数量 $\widetilde{q}_{it\kappa}$ 分别为：

$$\widetilde{y}_{it\kappa} = p_{t\kappa}(1 + \sigma_c \Theta_{t\kappa}) \tag{4-8}$$

$$\widetilde{q}_{it\kappa} = \lfloor \mu |p_{t\kappa} - m_{it}| \rfloor \tag{4-9}$$

其中，$\Theta_{t\kappa} \sim N(0, 1)$ 服从标准正态分布，标准偏差 $\sigma_c > 0$。$\mu > 0$ 是一个常数，用来衡量交易者对价差的敏感程度。

对于市场中所有的交易者，在提单过程中都受到涨跌幅限制和财富限制约束，交易者实际能够提交的委托提单价格 $y_{it\kappa}$ 受涨跌幅限制约束如下：

$$y_{it\kappa} = \begin{cases} P_{t-1}^{close}(1+L) & \widetilde{y}_{it\kappa} > P_{t-1}^{close}(1+L) \\ \widetilde{y}_{it\kappa} & P_{t-1}^{close}(1-L) \leq \widetilde{y}_{it\kappa} \leq P_{t-1}^{close}(1+L) \\ P_{t-1}^{close}(1-L) & \widetilde{y}_{it\kappa} < P_{t-1}^{close}(1-L) \end{cases} \tag{4-10}$$

同时，我们的模型中不允许买空和卖空。交易者实际能够提交的订单会受到财富限制的约束，并且委托提单数量必须为整数，所以交易者实际提交的委托提单数量 $q_{it\kappa}$ 为：

$$q_{it\kappa} = \begin{cases} \lfloor \min(\widetilde{q}_{it\kappa}, S_{it}) \rfloor & (g_{it\kappa} = -1) \\ \left\lfloor \min\left(\widetilde{q}_{it\kappa}, \dfrac{C_{it}}{y_{it\kappa}}\right) \right\rfloor & (g_{it\kappa} = +1) \end{cases} \tag{4-11}$$

其中，S_{it} 表示交易者 i 在第 t 个交易日拥有的股票数量，C_{it} 表示交易者 i 在第 t 个交易日拥有的现金数量。

第四节 模拟结果

假定模型中有 N=1000 个交易者,交易的时间长度 T=1200,其中前 100 个交易日不进行交易,只是在基本值附近随机地设置股票价格,这样做是为了给后面计算价格的移动平均值提供初始数据。真正的交易过程是在第 100 个交易日之后,为了防止暂态效应,我们只观测第 200 期到第 1200 期的交易。本节涉及的所有参数设置与表 3-1 中参数设置完全相同,本章的模型可以看作第二章模型的一个特例。

模型参数的选择主要从以下两方面考虑:一方面是在这组参数设置下可以重现金融市场的典型事实;另一方面的考虑是在这组参数下可以呈现出实证分析中的典型价格形态,这也说明我们的模型可以对实证中的现象做一个合理的解释。基于第一个原因,在表 3-1 的参数设置下,取涨跌幅限制 L=100%,模拟 100 次,观察股票价格和收益率的时间序列,图 4-8 展示了模型对金融市场典型事实的重现,包括波动聚集性、尖峰厚尾性、收益率自相关性不显著、收益率绝对值自相关性短期自相关性较强,根据时滞的增加自相关性减弱的特点,以及股票价格和基本值价格之差的密度函数呈现双峰结构等。同时,我们还对模型收益率进行了描述性统计分析并且与 CHP 模型和 CHH 模型相对照,结果如表 4-3 所示,从最大值、最小值、标准差、偏度、峰度和成交量看,模型结果与 CHP 模型、CHH 模型的结果比较符合。基于第二个原因,当我们使用这个模型来验证极端小的涨跌幅限制的影响时,我们重现了中国股票市场早期严格涨跌幅限制下严格的单边上升或下降的价格特点。

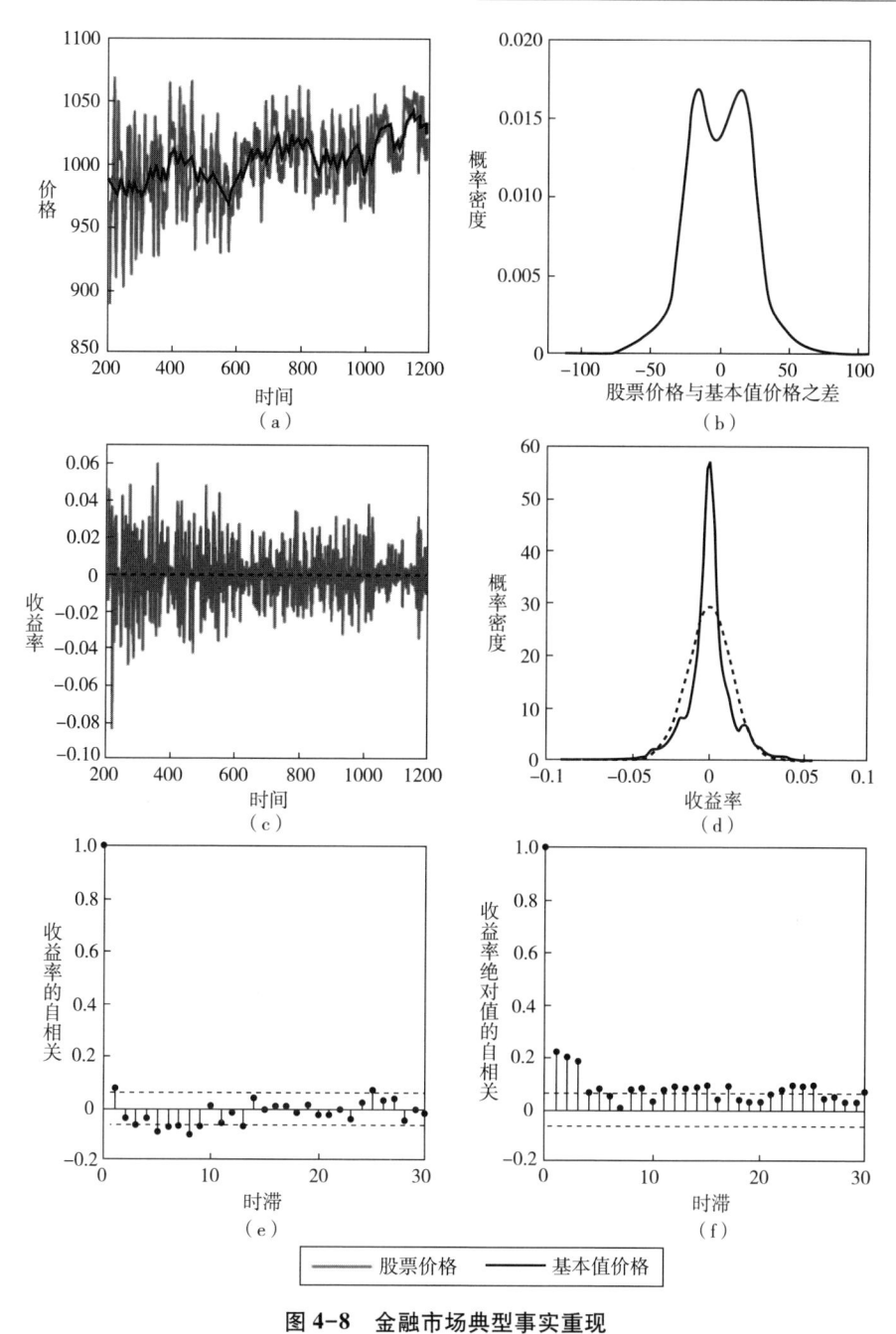

第四章 极端小的涨跌幅限制的影响：中国市场的自然实验

图 4-8　金融市场典型事实重现

注：（a）股票价格和基本值价格时间序列；（b）股票价格和基本值价格之差的密度函数；（c）收益率的时间序列；（d）收益率的密度函数和与之同均值方差的密度函数；（e）收益率的自相关性；（f）收益率绝对值的自相关性。

表 4-3 模型收益率的描述性统计分析结果与 CHP 模型和 CHH 模型的对照

模型		最大值	最小值	标准差	偏度	峰度	成交量
本文模型	中位数	0.074	-0.065	0.014	0.174	5.946	127.6
	均值	0.088	-0.065	0.015	0.482	12.293	127.4
CHP 模型	中位数	0.094	-0.115	0.016	-0.032	9.631	162.2
	均值	0.218	-0.247	0.021	-0.537	55.343	160.4
CHH 模型	中位数	0.05	-0.051	0.014	0.001	3.38	—
	均值	0.056	-0.056	0.014	-0.002	3.484	—

一、涨跌幅限制的影响

本节通过调整涨跌幅限制的大小，研究涨跌幅限制对市场波动性和市场流动性的影响。涨跌幅限制的取值范围是 0~10%，间隔为 0.5%，在每个涨跌幅限制下做 10 次实验，计算不同涨跌幅限制下的股票价格、收益率和成交量。我们用日对数收益率的标准差来度量股票收益率的波动性，波动率指标 V 的计算方法：

$$V = \sqrt{\frac{1}{T}\sum_{t=201}^{T}(r_t - \bar{r})^2} \tag{4-12}$$

用日成交量的平均值来度量股票收益率的流动性，流动性指标 Q 的计算方法：

$$Q = \frac{1}{T}\sum_{t=201}^{T} Q_t \tag{4-13}$$

其中，Q_t 表示每日成交量。波动率和交易量是根据第 201 期至第 1200 期，共 1000 个交易日的收益率和成交量数据计算出来的，实验结果如图 4-9 所示。图 4-9 展示的是涨跌幅限制对市场波动性和市场流动性的影响，涨跌幅限制取值 0~10%，间隔 0.5%，每个涨跌幅限制下 10 次实验的散点图，灰色的实线是 10 次实验平均值点的连线。

图4-9（a）展示的是涨跌幅限制对股票波动性的影响，实验结果呈现出当涨跌幅限制取值为0~5%时，随着涨跌幅限制的增大，波动性不断增加的特点，这说明有效的涨跌幅限制确实能够起到抑制市场波动的作用。当涨跌幅限制取值5%~10%时，随着涨跌幅限制的增加，波动率没有明显的增加或减少，而是呈现出稳定的特点。图4-9（b）展示的是涨跌幅限制对股票流动性的影响，实验结果呈现出当涨跌幅限制取值为0~2%时，成交量随着涨跌幅限制的放宽而增大，这说明较小的涨跌幅限制具有限制成交量的作用，这一结果与中国股票市场早期在极小涨跌幅限制下成交量很小的典型事实相吻合。而当涨跌幅限制取值为2%~10%时，流动性没有明显的增加或减少，而是呈现出稳定的特点。本节涨跌幅限制对股票波动性影响的研究结果与Westerhoff（2003）[137]和Yeh等（2010）[138]的研究结果一致。

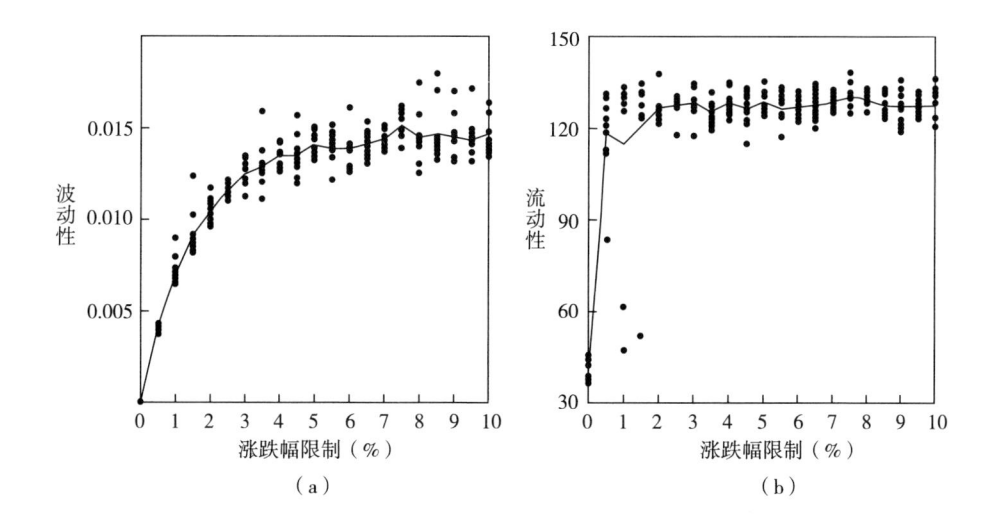

图4-9 涨跌幅限制对市场波动性和市场流动性的影响

注：（a）涨跌幅限制对股票波动性的影响；（b）涨跌幅限制对股票流动性的影响。

当我们把图4-9的实验结果与表4-3中对模型收益率的描述性统计分析结果相结合，从波动率上看，当涨跌幅限制L=100%时，表4-3展示的收益率的标准差的中位数和均值在0.014附近,这与图4-9(a)展示的当涨跌幅限制取值为5%~10%这段收益率标准差的中位数均值的取值一样,也是稳定在0.014附近,这暗示着在我们构建的人工股票市场中,大于5%的涨跌幅限制是宽松的涨跌幅限制,此时的涨跌幅限制对股价的波动几乎没有影响。在实际市场中,当监管部门计划在市场中实施涨跌幅限制时,应充分考虑一段时间内股票价格的统计特性,包括最大值、最小值、波动率、成交量等,通过分析这些指标来制定适合市场的涨跌幅限制大小。

二、极端小的涨跌幅限制影响

本节主要研究极端小的涨跌幅限制对股票价格形态的影响。在表3-1的参数设置下,涨跌幅限制取值为0.1%时,模拟100次,观察股票价格形态。实验结果发现股票价格主要有五种典型的价格形态:严格的单边上涨、严格的单边下降、先下降再上升、先上升后下降和平稳的价格形态,如图4-10所示。我们重现了本章第二节中国股票市场早期在非常小的涨跌幅限制下,上证综指价格沿着涨跌幅限制单边上升或下降的价格形态。

我们发现,造成股票价格的不同形态与股票价格和基本值价格之差的分布有较大关系。在涨跌幅限制取值很小的时候,市场中基本值交易策略主导交易,而股票价格和基本值价格之差的大小和方向决定了基本值交易策略提交订单的买卖方向与买卖数量。值得强调的是,在我们的模型里认为基本值价格就代表了股票的内在价值。股票价格与其基本值价格的差距越大,基本值交易策略提交订单的强度就越大,交易需求就越迫切,所以股票价格和基本值价格之差的大小影响了市场中的订单实现率,不同模式的订单实现率决定了不同的股票价格形态。市场中订单的实现率也是判断市场中买卖方力量的重要指标。计算订单实现率方法如下:

$$Y_{s,t} = \frac{q_{s,t}}{Q_{s,t}} \times 100\% \tag{4-14}$$

$$Y_{b,t} = \frac{q_{b,t}}{Q_{b,t}} \times 100\% \tag{4-15}$$

其中，$Y_{s,t}$ 表示委托卖单实现率，$q_{s,t}$ 表示在交易日 t 时刻，在财富限制下市场中所有提交的委托卖单数量之和，$Q_{s,t}$ 表示在交易日 t 时刻，市场中实际成交的卖单数量之和。$Y_{b,t}$ 表示委托买单实现率，$q_{b,t}$ 表示在交易日 t 时刻，在财富限制下市场中所有提交的委托买单数量之和，$Q_{b,t}$ 表示在交易日 t 时刻，市场中实际成交的买单数量之和。图 4-10 中五种典型价格形态对应的订单实现率如图 4-11 所示。

首先我们分析图 4-10（a）严格单边上涨价格形态的成因，图 4-10（a）结合图 4-11（a），我们发现严格单边上涨股票价格形态的形成条件是委托卖单实现率持续为 100%，也就是市场中所有委托卖单都可以被成交，市场中一直是买方力量占优势。从图 4-10（a）股票价格和基本价格的走势上看，股票价格低于基本值价格，这时基本值交易策略认为股票价格被低估，他们会提交买单。此外，由于股票价格不断上涨，具有趋势交易需求的交易者也认为股票价格被低估了，他们也会提交委托买单，也就是具有基本值交易需求的交易者和具有趋势交易需求的交易者行为趋同，都提交买单。极端小的涨跌幅限制约束了股价上涨和下降的空间，使股票价格不能尽快反映其内在价值，使原本可以在一天之内的股价变动延长了很长的时间，具有基本值交易需求的交易者和具有趋势交易需求交易者的行为趋同性会一直延续下去。这时，一些具有流动性交易需求的个体作为卖方，其提交的委托卖单数量与买单数量相比非常小，市场中出现了严重的供需不平衡，即供不应求，也就是市场中所有的委托卖单都可以被实现，委托卖单实现率持续为 100%。接着我们分析图 4-10（b）严格单边下降价格形态的成因，图 4-10（b）结合图 4-11（b），我们发现严格单边下降股票价格形态的形成

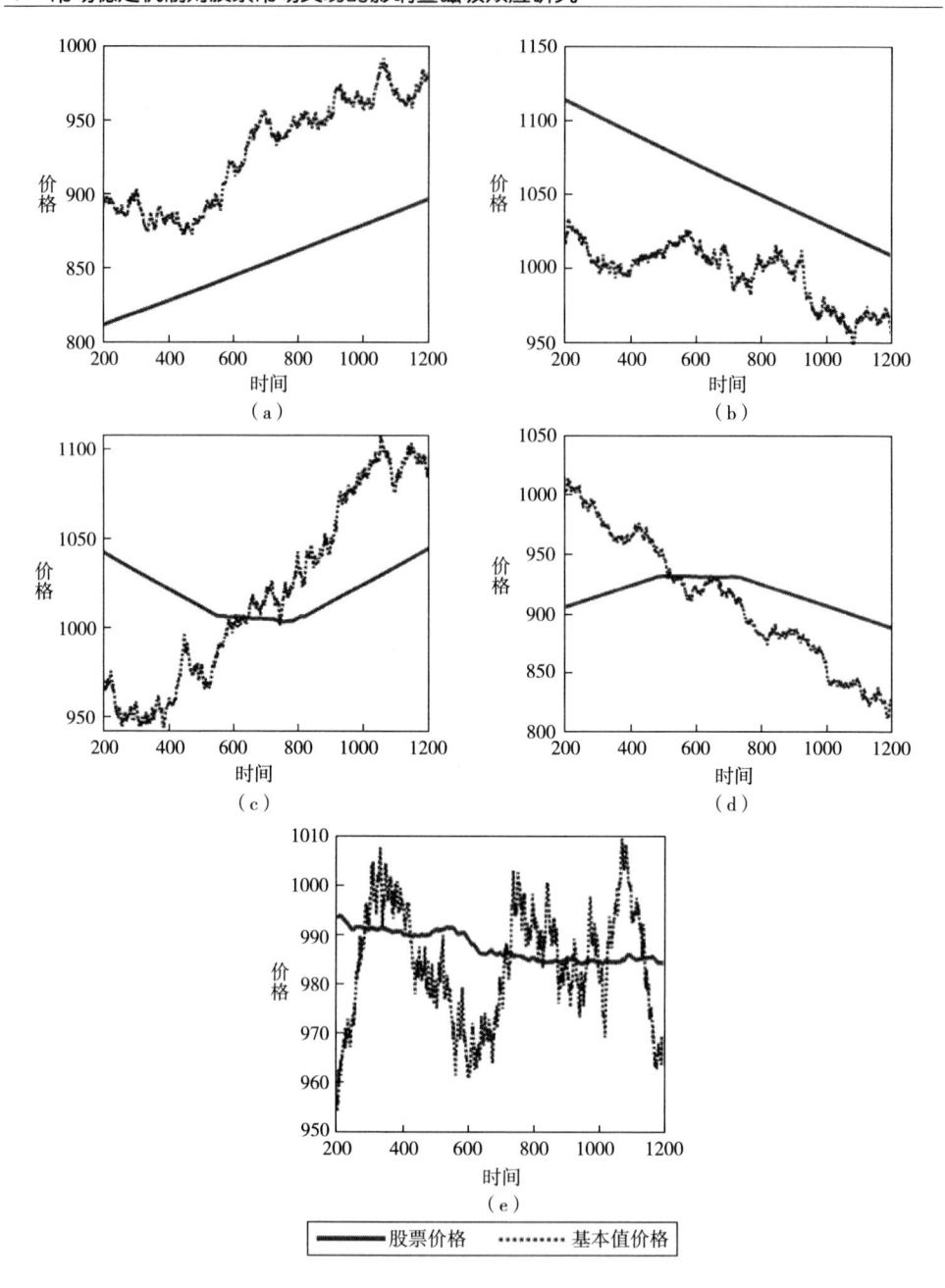

图 4-10 在极端小的涨跌幅限制下，五种典型股票价格形态

注：(a) 严格的单边上涨；(b) 严格的单边下降；(c) 先下降后上升；(d) 先上升后下降；(e) 平稳的价格形态。

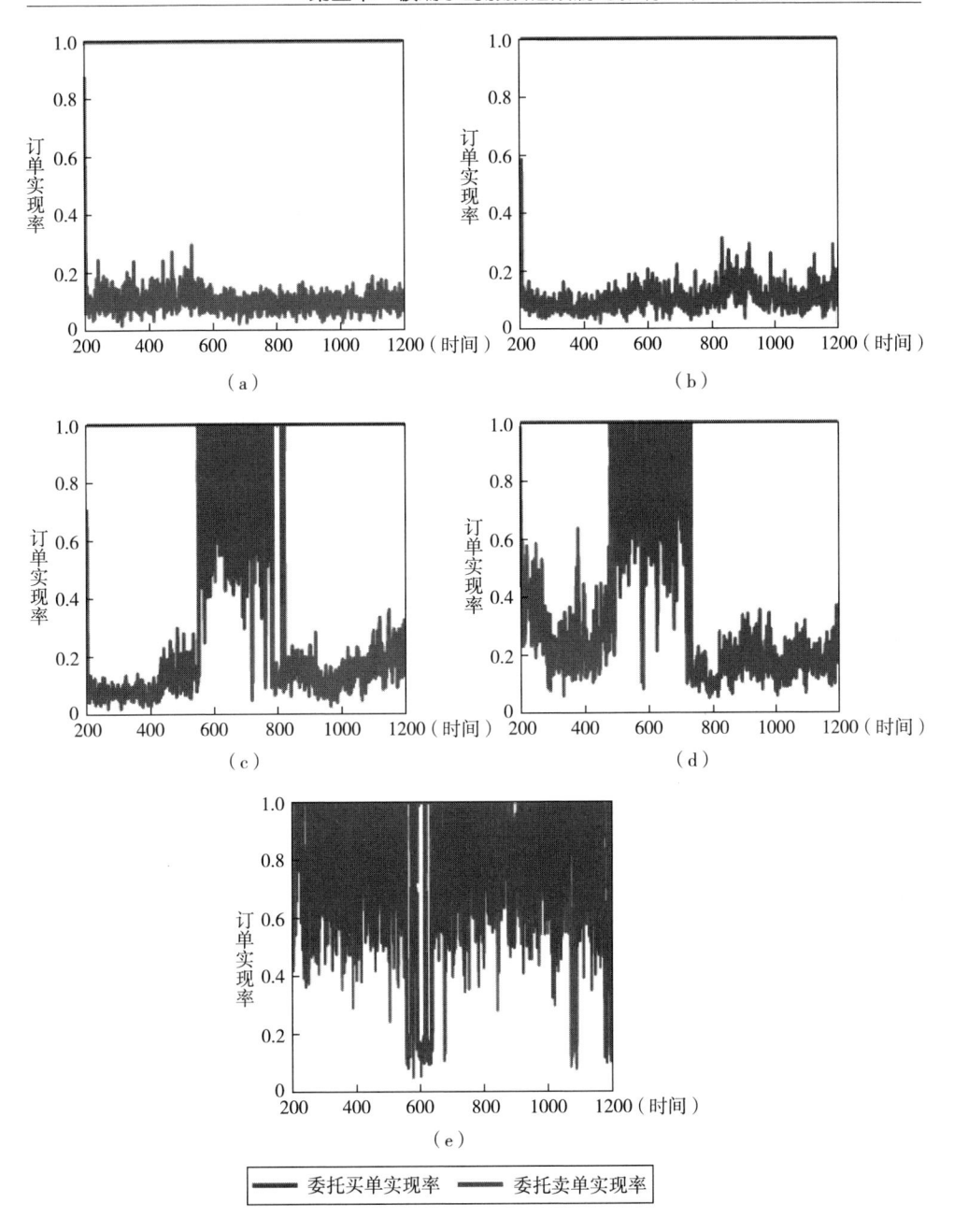

图 4-11　与图 4-10 五种价格形态对应的订单实现率

注：(a) 严格的单边上涨价格形态订单实现率；(b) 严格的单边下降价格形态订单实现率；(c) 先上升后下降价格形态订单实现率；(d) 先下降后上升价格形态订单实现率；(e) 平稳的价格形态订单实现率。

条件是委托买单实现率持续为100%，也就是市场中所有委托买单都可以被成交，市场中一直是卖方力量占优势。由于市场中股票价格持续被高估，基本值交易策略和趋势交易策略都会提交委托卖单，这时的股票市场是严重的供过于求的市场，所有的买单都可以被实现。由此推断在涨跌幅限制极端小的市场中，一旦股票的内在价值不能有效地反应，如图4-10（a）和图4-10（b）所示，从长期来看市场将持续产生波动溢出效应。

图4-10（c）和图4-10（d）展示了股票价格先下降后上升和先上升后下降的模式，揭示了价格的反转。股票价格与股票基本值价格的偏离引起了交易者行为的变化。图4-10（c）先下降后上升的股票价格形态是由于股票价格刚开始被高估，所以市场中卖方力量占优，这使股价下跌，渐渐回到基本值价格附近，这时由于趋势交易策略的惯性效应，股票价格会持续下跌一段时间，基于这一点，我们推断因为极端小的涨跌幅限制存在使股票价格持续下跌的时间更长，甚至比波动率溢出效应引发的股价波动范围还要大。图4-10（d）先上升后下降的股票价格形态也同样可以解释，结合图4-11（d），先是股票价格被低估，市场中买方力量占优势，这使股价上涨，渐渐回到基本值价格附近，但随后基本值价格的持续走低使得股价被高估，而极端小的涨跌幅限制了交易者的反应速度，经过一段时间的调整股票价格才反转。

图4-10（e）平稳波动的股票价格形态是由于股票价格与基本值价格接近，使得市场中供给和需求较平衡，买方势力与卖方势力比较均衡，如图4-11（e）所示，所以股票价格的波动较小。图4-10（e）展示的股票价格形态是我们在通常情况下最先想到的情况，但是中国市场的实证以及我们模型的结果都揭示出除了平稳的价格形态，单边价格形态也是极端小的涨跌幅限制下很有可能发生的情形。

结合图4-9和图4-10，研究发现在我们构建的人工股票市场中，0~1.5%的涨跌幅限制是极端小的涨跌幅限制，在这一区间的涨跌幅限制有时会使股票价格呈现出单边上涨或下降的趋势。而有效的价格限制在1.5%~5%，股票价格在这一区间表现出正常的波动，很少出现单边价格走势，同时价格限制还能起到抑制过度波动的作用。当涨跌幅限制大于5%时，涨跌幅限制对股票价格和波动性几乎没有影响，是宽松的涨跌幅限制。

第五节 本章小结

本章研究发现在中国股票市场发展早期，有一种利用涨跌幅限制来防止股票价格过快上涨的政策。特别是在1990年12月19日至1992年5月20日，上海证券交易所分别采用了5%、1%和0.5%的涨跌幅限制，这一期间涨跌幅限制调整得非常频繁，而且涨跌幅限制的幅度很小。在涨跌幅限制非常小的情况下，上证综指价格呈现出沿着涨跌幅限制单边上升或下降的走势，而不是稳定的波动。为了解释这种现象，我们构建了一个基于连续双向拍卖交易机制的具有涨跌幅限制的单资产股票市场多主体模型，来研究极端小的涨跌幅限制对股票市场的影响。在参数设置下，进行了大量模拟仿真实验。实验结果重现了在极端小的涨跌幅限制下，严格单边上涨、严格单边下降、先升后降、先降后升和稳定波动这五种典型股票价格形态。模型结果与中国股票市场早期的实证分析结果一致，中国市场的实证数据是一个很好的自然实验支持模型的结果。

此外，我们发现股价出现单边形态是买方或卖方主导市场的结果，也就是市场中供需严重失衡。这是因为交易者行为的一致性，也就是基本值交易者和趋势交易者具有相同的交易方向（同买或同卖），并且当股票价格持续偏离大多数交易者心中的基本值，也就是股票的内在价值时，交易者行为一致性更容易出现。在实际金融市场中，股票的内在价值是不可观测的，因此交易者会根据可获得的信息，如当前的股票市场价格来估计股票的基本值价格，甚至涨跌幅限制本身也是一个信号，可能会影响交易者对股票内在价值的判断。因此，交易者对市场信息的反应可能会改变股票的基本值价格，这时交易者心中的基本值价格可能会突然地反转。如果股票价格偏离了大多数交易者心中的基本值价格太多时，它可能会引起基本值交易者和趋势交易者之间的行为一致性。例如，1991年1月7日至4月25日，在0.5%的涨跌幅限制下，上证综指价格的时间序列呈现出单边上涨或下降，波动幅度较小，有时价格会突然反转的特点。在当时，涨跌幅限制作为一种信号，就会影响交易者对股票内在价值的判断，从而影响其交易行为，最终影响股价走势，而没有起到稳定市场的作用。

总的来说，基本值交易策略对基本值价格的认知效应和趋势交易策略的正反馈效应使交易者变得墨守成规，从而导致了单边市场行情，使股票价格持续上升或下降的时间更长，幅度更大。而且从波动率度量的角度看，当我们计算周波动率或月波动率时，由极端小的涨跌幅限制引发的长期单边价格趋势可能比一般价格限制带来的平均市场波动率更高。事与愿违，原本是为了稳定市场而设的极小的涨跌幅限制，却成为导致价格波动持续时间更长、幅度更大的导火索。

第五章 熔断机制下的市场行为研究

前两章我们通过构建一个具有涨跌幅限制的单资产股票市场多主体模型,重现了包括触板事件、磁吸效应、单边价格形态等经验事实。本章我们将视野放宽到整个市场,研究熔断机制下的市场行为。第二章对 S&P 500 指数的实证研究为本章研究做了铺垫。本章将从模型的角度,构建具有多资产的股票市场多主体模型,重现股指熔断现象,并从个股耦合角度解释熔断现象。重点关注熔断发生日和熔断前交易者行为、个股走势,以及市场指标的变化情况,具体包括对交易者行为趋同性、交易者提交市价单比例、股票间收益率相关性、熔断时间、市场波动性和流动性的影响。研究结果发现交易者参考股指强度和熔断限制的大小对熔断事件的发生以及市场行为有重要影响。

第一节 前言

2020 年史无前例的熔断潮让熔断机制进入人们的视野,与针对个股的涨跌幅限制不同,涨跌幅限制下市场熔而不断,即只要有新的交易达成,市场依然可以进行交易。针对市场全局的熔断一旦触发,在交易暂停期内并不给交易者们交易机会，直接暂停整个市场范围内全部个股的交易，可见这种针对股指市场范围的交易暂停对市场带来的影响更加深远。

对于2020年世界范围大熔断的原因，已经有很多研究报告出炉。有学者认为，这次熔断和市场崩溃是外生的。Al-Awadhi等（2020）[148]发现由COVID-19所导致的每日总确诊和总死亡病例数的增长对公司股票收益率有显著的负面影响。Khan等（2020）[149]讨论了COVID-19大流行对16个国家股市的影响，结果表明COVID-19每周新增病例的增长率与股市收益率之间存在负相关关系。Okorie和Lin（2021）[150]证实了COVID-19大流行会对股票市场产生负面影响，引发股市崩跌。Albuquerque等（2020）[151]认为COVID-19全球大流行和随后的封锁造成的外部冲击导致了2020年全球股市崩溃。除了COVID-19大流行引发的市场动荡，非金融企业债务的大幅膨胀也显示出金融市场压力过大和流动性危机的迹象[152]，Lynch（2020）[153]认为这也是造成经济衰退的原因。此外，Partington和Wearden（2020）[154]认为，2020年俄罗斯与沙特阿拉伯的石油价格战加上新冠疫情的暴发引发了全球股市下跌。

也有学者研究发现疫情和石油价格下跌仅仅是触发熔断的导火线，泡沫在之前就已出现，他们将这次熔断的原因归结为市场内部交易者行为和系统内在风险，是内生的。Song等（2021）[155]运用LPPLS方法对2020年3月10个主要市场指数进行分析，研究结果表明标普500指数、道琼斯工业平均指数、纳斯达克指数、德国DAX指数、沪深300指数、印度BSESN指数和巴西BOVESPA指数的崩跌是内生的，泡沫内生形成于崩溃之前，而外部冲击，如新冠疫情全球大流行、企业债务泡沫、石油战等，在2020年全球股市崩盘期间只是一个导火索，由内生机制引发市场崩溃的导火索，学者们给出了以下几点动因：市场参与者之间自我强化的羊群效应或者跟风模仿行为[156]、市场参与者之间内生的长记忆过程[157]。总而言之，交易者行为对熔断或市场崩溃起到了重要作用，而熔断机制本身或其他外部冲击起到了导火索或者强化的作用。

本章旨在研究这种市场范围的交易暂停对股票市场行情的影响，通过构建一个具有多资产的股票市场多主体模型，研究不同熔断限制下市场行情的变化。在实证研究部分，第二章我们以美国 S&P 500 指数及其成分股在 2020 年 3 月，22 个交易日的高频交易数据作为研究对象，采用事件分析法，分析其在熔断前、熔断日以及熔断后整个市场的波动性、流动性、交易者行为趋同性和股票间收益率的相关性等指标，研究结果发现市场的波动率、流动性和交易者行为趋同性指标在熔断日明显高于熔断前和熔断后，而市场中股票间收益率的相关性在熔断日比熔断前和熔断后低。本章将模型结果与实证结果进行比较，我们的模型能够重现由于股指价格触发熔断线而引发市场熔断的现象，并且通过对熔断限制大小和交易者参考股指进行决策强度的大小进行调节，分析熔断与交易者行为、个股走势，以及市场指数的变化情况。

本章剩余部分的结构如下：在第二节，重点介绍具有多资产的股票市场多主体模型的构建细节，包括交易者类型、交易机制等。第三节展示模型结果，包括个股与股指价格、熔断时间、熔断与市场行情等实验结果，并进行分析。第四节为本章小结。

第二节 具有多资产的股票市场多主体模型

本节通过建立一个具有多资产的股票市场多主体模型，在连续双向拍卖交易机制下形成个股价格，通过个股耦合形成股价指数，以此研究股指熔断对整个市场的影响。我们期望重现 2020 年 3 月全球金融股市场多次熔断的典型事实，从交易者行为、市场微观变量的变化、个股耦合与股指崩跌等角度来研究熔断机制对股票市场的影响。以下是模型的一些基本假设：

（1）前面两章的模型中都假定只有一项资产，而本章的模型与前两个模型最大的不同就是市场中存在多只股票，以及由这些股票构成的股指。假设市场中有 M 只股票，M 只股票市场价格的加权就构成了市场指数也就是股指。

（2）假设市场上有 N 个交易者，每个交易者只交易一种股票，这样的设定是为了简化模型，而不考虑资产组合的影响。事实上，我们的模型中并不涉及各种股票的异质收益与风险特性。因此，即使考虑资产组合也应该是等权重的，这不会对模型的结论有定性影响。在模型初始化期间，我们随机地为每个交易者选择一种股票进行交易，并且在整个模拟过程中保持不变。

（3）模型中买空和卖空是不允许的。尽管买空和卖空确实会对市场波动性有显著影响，但这种影响可以被特定的交易机制隔离[158,159]。因此，为了简单起见，我们的模型不考虑买空和卖空。

（4）假设一天有 48 个交易周期，对应实际市场一天 4 小时的交易过程，每一个小周期对应实际 5 分钟。这是为了模拟日内高频交易，为我们研究日内尺度的熔断机制影响提供了有效交易数据。

一、交易者行为

模型中有两种类型的交易者，趋势交易者和均值回复交易者，他们具有策略性需求和流动性需求。前面的模型中交易者类型是基本值交易者和趋势交易者，而本章的模型中用均值回复交易者代替了基本值交易者，这样设定的原因是均值回复交易策略和趋势交易策略本身具有很好的对称性，可减少模型参数设定，同时也能摆脱基本值对于股票价格波动的束缚。

每个交易日的每个小周期开始时，交易者有 $\xi_\tau = 0.5$ 的概率进入市场，被选定进入市场的交易者不仅能够提交限价订单，而且还有一定的概率提交市价订单。从财富限制上看，模型中的交易者受到所持有的现金数量和股票数量限制进行交易。在模型中个股是没有涨跌幅限制的,但是股指有熔断限制。为了简化模型,我们只设一个档位的熔断线,一旦股指触发熔断线,整个市场的交易就会停止,这模拟了世界上大多数市场为股指设置熔断限制的机制。

1. 趋势交易需求

当交易者具有趋势交易需求时,既可以提交市价订单又可以提交限价订单,其提交市价订单的概率为 $f_{it\tau'}$,提交限价订单的概率为 $1-f_{it\tau'}$。本节介绍当交易者具有趋势交易需求时提交限价订单的交易策略。

趋势交易策略将股票价格的移动平均值作为决策的参考,股票价格的移动平均数 $m_j^i(\tau;t)$ 定义如下:

$$m_j^i(\tau;t) = \frac{\sum_{n=1}^{d_i^c} p_{j_{t-n}}^{close}}{d_i^c} \tag{5-1}$$

趋势交易策略交易者更关注短期股票价格的涨跌,在每个交易日开始时,交易者会计算股票历史收盘价的移动平均值作为自己决策参考,交易者选择参考的移动平均窗口长度 $d_i^c \in \{1, 2, \cdots, 30\}$,参考的时间窗口较短。$p_{j_t}^{close}$ 是股票 j 在第 t 个交易日的收盘价格。

具有趋势交易策略需求的交易者的提单方向 $g_j^i(\tau;t)$ 由式(5-2)决定:

$$g_j^i(\tau;t) = bv(\tau;t) + (1-b)v_j^i(\tau;t) \tag{5-2}$$

从 $g_j^i(\tau;t)$ 我们可以看出,交易者参考两部分内容进行提单方向的选择,第一部分是参考 $v(\tau;t)$ 即股指的涨跌,第二部分是参考 $v_j^i(\tau;t)$ 即交易者 i 对所持有个股 j 的买卖意愿。参数 b 代表了交易者参考这两部分内容的强度。如果 $g_i(\tau;t)>0$ 表示交易者提交买单,$g_i(\tau;t)<0$ 表示交易者提交卖单,$g_i(\tau;t)=0$ 则不提交订单。$v(\tau;t) \in \{-1, 0, 1\}$ 代表日内股指的短时涨跌趋势。计算如式(5-3)所示:

$$v(\tau;\ t)=sgn[p_I(\tau;\ t)-p_I(\tau-1;\ t)] \quad (5-3)$$

其中，$v(\tau;\ t)= +1$ 表示股指上涨，$v(\tau;\ t)= -1$ 表示股指下跌，$v(\tau;\ t)= 0$ 表示持平。交易者对个股持有或出售的意愿 $v_i(\tau;\ t)\in\{-1,\ 0,\ 1\}$ 计算公式如式（5-4）所示：

$$v_j^i(\tau;\ t)=\mathrm{sgn}(p_j(\tau';\ t)-m_j^i(\tau;\ t)) \quad (5-4)$$

趋势交易策略在股票市场中起到追涨杀跌的作用。当股票的实时成交价格 $p_j(\tau';\ t)$ 高于股票价格的移动平均值 $m_j^i(\tau;\ t)$ 时，即 $v_j^i(\tau;\ t)= +1$，交易者认为股票价格会继续上涨，具有买进意愿；反之，当 $v_j^i(\tau;\ t)= -1$ 时，交易者认为股票价格会下跌，具有卖出意愿；而 $v_j^i(\tau;\ t)= 0$ 时，表示期望持平。

交易者的委托提单价格 $y_j^i(\tau';\ t)$ 在实时成交价格附近：

$$y_j^i(\tau';\ t)=p_j(\tau';\ t)(1+\delta_1\vartheta_1) \quad (5-5)$$

其中，δ_1 为趋势交易者的价格反应强度系数，$\vartheta_1\sim N(0,\ 1)$ 表示提单价格在股票实时成交价附近的一个随机波动，服从标准正态分布。

交易者的委托提单数量 $q_j^i(\tau;\ t)$ 受到财富限制的约束，计算公式如式（5-6）所示：

$$q_j^i(\tau;\ t)=\begin{cases}\lfloor\min(\mu|p_j(\tau';\ t)-m_j^i(\tau;\ t)|,\ S_j^i(\tau;\ t))\rfloor & (g_{it\tau'}=-1)\\ \lfloor\min\left(\mu|p_j(\tau';\ t)-m_j^i(\tau;\ t)|,\ \dfrac{C_j^i(\tau;\ t)}{y_j^i(\tau';\ t)}\right)\rfloor & (g_{it\tau'}=+1)\end{cases} \quad (5-6)$$

其中，$S_j^i(\tau;\ t)$ 是交易者 i 当期持有股票 j 的数量，$C_j^i(\tau;\ t)$ 是交易者 i 当期持有股票 j 的现金数量。

2. 均值回复交易需求

当交易者具有均值回复交易需求时，与趋势交易需求相同，交易者也是既能够提交市价订单又能够提交限价订单，其提交市价订单的概率为 $f_{it\tau'}$，提交限价订单的概率为 $1-f_{it\tau'}$。本节介绍当交易者具有均值回复交易需求时提交限价订单的交易策略。

均值回复交易策略同样参考股票价格的移动平均值，但是做逆趋势交易。本节选取均值回复交易者而非基本值交易者就是因为均值回复交易策略与趋势交易策略本身具有很好的对称性，可以减少模型参数的设定，同时摆脱基本值价格对于股票价格波动的束缚。

均值回复交易者与趋势交易者相比更关注较长时间尺度的股票价格移动平均值，股票价格的移动平均数 $m_j^i(\tau;t)$ 定义如式（5-7）所示：

$$m_j^i(\tau;t) = \frac{\sum_{n=1}^{d_i^f} p_{j_{t-n}}^{close}}{d_i^f} \tag{5-7}$$

交易者选择参考的移动平均窗口长度 $d_i^f \in \{30, 21, \cdots, 100\}$。$p_{j_t}^{close}$ 是股票 j 在第 t 个交易日的收盘价格。均值回复交易者比趋势交易者参考更长时间的移动平均窗口，这样的假设来源于 Allen 和 Taylor（1990）[160] 及 Taylor 和 Allen（1992）[161] 的研究，研究表明短期投资者倾向于使用趋势交易策略，而长期投资者倾向于使用均值回复交易规则。

具有均值回复交易策略需求的交易者的提单方向 $g_j^i(\tau;t)$ 由式（5-8）决定：

$$g_j^i(\tau;t) = v_j^i(\tau;t) = \text{sgn}(m_j^i(\tau;t) - p_j(\tau';t)) \tag{5-8}$$

与趋势交易需求不同，具有均值回复交易需求的交易者仅参考交易者对所持有个股的买卖意愿来决定提单方向。交易者的提单方向与交易者对个股持有或出售的意愿 $v_i(\tau;t) \in \{-1, 0, 1\}$ 相同，均值回复交易者对个股持有或出售的意愿［式（4-10）］与趋势交易者对个股的期望［式（3-10）］正好相反。当股票价格的移动平均值 $m_j^i(\tau;t)$ 高于股票的实时成交价格 $p_j(\tau';t)$ 时，即 $v_j^i(\tau;t) = +1$，交易者认为股票价格被低估，将会继续上涨，具有买进意愿；反之，当 $v_j^i(\tau;t) = -1$ 时，交易者认为股票价格会下跌，具有卖出意愿；而 $v_j^i(\tau;t) = 0$ 时，表示期望持平。

均值回复交易者的委托提单价格 $y_j^i(\tau';\ t)$ 也在实时成交价格附近：

$$y_j^i(\tau';\ t) = p_j(\tau';\ t)(1+\delta_2\vartheta_2) \tag{5-9}$$

其中，δ_2 为均值回复交易者的价格反应强度系数，ϑ_2 为服从 $N(0,\ 1)$ 的随机数。

交易者的委托提单数量 $q_j^i(\tau;\ t)$ 受到财富限制的约束，计算方式如式（5-10）所示：

$$q_j^i(\tau;\ t) = \begin{cases} \lfloor \min(\mu|p_j(\tau';\ t)-m_j^i(\tau;\ t)|,\ S_j^i(\tau;\ t)) \rfloor & (g_{it\tau'}=-1) \\ \lfloor \min\left(\mu|p_j(\tau';\ t)-m_j^i(\tau;\ t)|,\ \dfrac{C_j^i(\tau;\ t)}{y_j^i(\tau';\ t)}\right) \rfloor & (g_{it\tau'}=+1) \end{cases} \tag{5-10}$$

其中，$S_j^i(\tau;\ t)$ 是交易者 i 当期持有股票 j 的数量，$C_j^i(\tau;\ t)$ 是交易者 i 当期持有股票 j 的现金数量。

3. 流动性交易需求

当交易者具有流动性交易需求时，他们以相同的概率提交买单和卖单，并且只能提交限价订单。交易者 i 在第 t 个交易日的 τ' 时刻对于个股 j 提交限价订单的委托价格 $y_j^i(\tau';\ t)$ 与股票 j 在 τ' 时刻的实际价格 $p_j(\tau';\ t)$ 接近：

$$y_j^i(\tau';\ t) = p_j(\tau';\ t)(1+\varphi_\varepsilon z_{t\tau'}) \tag{5-11}$$

其中，$\varphi_\varepsilon>0$ 是一个给定的常数来度量流动性交易的波动率，$z_{t\tau'} \sim N(0,\ 1)$ 是一个标准正态分布。委托提单数量 $q_j^i(\tau;\ t)$ 是 $\{1,\ 2,\ \cdots,\ 5\}$ 中的随机数。

4. 市价订单

在模型中，当交易者具有策略性需求时，既可以提交限价订单也可以提交市价订单。交易者提交市价订单的概率与股指价格相关，这是因为当股指价格接近熔断线时，交易者担心市场流动性缺失使其不能进行买卖交易，有更大的可能性提交市价订单。假定交易者提交市价订单的概率 $f_i(\tau;\ t)$ 与股指价格与熔断限制的距离相关：

$$f_i(\tau;\ t)=\left(\frac{p_I(\tau;\ t)-p_{I_{t-1}}^{close}}{p_{I_{t-1}}^{close}\times H}\right)^2 \tag{5-12}$$

其中，H 表示熔断线，$p_{I_{t-1}}^{close}$ 表示股指在 $t-1$ 个交易日的收盘价格，$p_{I_{t-1}}^{close}\times H$ 表示每个交易日股指允许上涨和下跌的最大幅度。假设熔断线是对称的，即每日允许上涨的最大幅度等于每日允许下跌的最大幅度。从交易者提交市价订单的概率 $f_i(\tau;\ t)$ 可以看出，当股指价格越接近熔断限制时，交易者有越大的可能性提交市价订单。当交易者提交市价订单时，会直接在限价订单簿上搜索吃单，成交价格以订单簿上的最优买价或最优卖价开始的价格序列依次吃单，提交市价订单时的委托提单数量以全部财富（现金或股票）为限进行交易。

二、连续双向拍卖交易机制

从交易机制上看，模型采用连续双向拍卖交易机制，与涨跌幅限制模型相同，假定每个交易日有 $\tau=48$ 个周期，每个小周期表示实际 5 分钟的时间，这样每个交易日总共有 4 个小时的交易时间。每一期，交易者以 $\xi_\tau=0.5$ 的概率进入市场。初始时刻 $T=0$，我们随机为每个交易者选择一种股票进行交易，并且在整个模拟过程中保持不变。

每一期，被选择进入市场的交易者按顺序依次提交订单，进入连续竞价过程。在模型中交易者既能提交限价订单又能提交市价订单，交易过程如图 3-1 所示。对于每个小周期 τ，当所有交易者都进入市场交易完毕后，未完全成交的限价订单则进入订单簿进行排序，而未完全成交的市价订单则不在订单簿上排队。

对于每个小周期 τ，每只个股 j 在当期成交的最后一笔交易的成交价格作为该周期的股票价格，即 $p_j(\tau;\ t)$。每只个股 j 在每个交易日最后一个周期的最后一笔交易的成交价格是其当日收盘价格，即 $p_{j_t}^{close}$。得到个股价格就能计算相应时间段内的股指价格。

每个交易日的任意时刻,当股指价格 $p_I(\tau;t)$ 到达日熔断限制的最高限制 $p_{I_{t-1}}^{close}\times(1+H)$ 或者最低限制 $p_{I_{t-1}}^{close}\times(1-H)$ 时,针对股指的熔断被触发,整个市场的交易暂停,记录熔断时间和订单簿信息。在我们的模型中交易一旦触发熔断交易即暂停,程序即停止,目前我们的模型中还没有交易暂停后再恢复交易的机制。

三、个股耦合与股票指数

对于每一只个股 j,在每个交易日都可以获得其日内高频交易数据。第 j 只股票第 t 个交易日第 τ 个小周期结束时的股票价格记为 $p_j(\tau;t)$,股票收益率记为 $r_j(\tau;t)=\ln(p_j(\tau;t))-\ln(p_{j_{t-1}}^{close})$,其中 $p_{j_{t-1}}^{close}$ 是股票 j 在 $t-1$ 个交易日的收盘价格。

得到了个股价格数据,我们就能实时计算股价指数。对于股指价格的计算,每个 τ 时间结束时公布一次股指价格,股指价格由个股价格耦合而成,股指价格 $p_I(\tau;t)$ 计算公式如式(5-13)所示:

$$p_I(\tau;t)=p_{I_0}\frac{\sum_{j=1}^{M}Q_jp_j(\tau;t)}{\sum_{j=1}^{M}Q_jp_{j_0}} \tag{5-13}$$

每一期的股指收益率 $r_I(\tau;t)$ 的计算公式如式(5-14)所示:

$$r_I(\tau;t)=\ln(p_I(\tau;t))-\ln(p_{I_{t-1}}^{close}) \tag{5-14}$$

第三节 模型结果

上一节我们介绍了多股票耦合的股票市场多主体模型,本节我们设置参数进行多次模拟实验，表5-1展示的是本章模型的参数设置。模型中总共有 $N=1000$ 个交易者，其中趋势交易者和均值回复交易者的数量各占50%。假设一次实验的交易日有500天，前100天的交易用于形成价格，中间100天防止股票价格存在暂态效应，我们只观测后300天的交易数据。

表5-1 模型的参数设置

参数	数值	描述
T	500	总交易天数
τ	48	每个交易日的交易周期
N	1000	交易者人数
M	5	股票只数
p_{I_0}	1000	初始股票指数
p_{j_0}	100	股票 j 的初始价格
φ_ϵ	0.001	具有流动性需求的交易者提单价格偏离值
μ	0.5	趋势交易策略和均值回复交易策略交易者的反应系数
δ_1	0.001	趋势交易者的价格反应强度系数
δ_2	0.001	均值回复交易者的价格反应强度系数
S_{i0}	$\{1, 2, \cdots, 10\}$	交易者初始持有的股票数量
C_{i0}	$100S_{i0}$	交易者初始持有的现金数量
ρ_ϵ	0.15	交易者具有流动性需求的概率
ρ	0.5	趋势交易者比例
ξ_τ	0.5	每个小周期交易者进入市场的概率

一、典型事实校验

在表5-1的参数设置下，首先验证模型是否可以重现金融市场典型事实，个股与股指价格。保证熔断限制 $H=100\%$，交易者参考股指强度参数 $b=0$ 的条件下进行100次实验，图5-1是其中一次实验股指和个股价格走势。表5-2是100

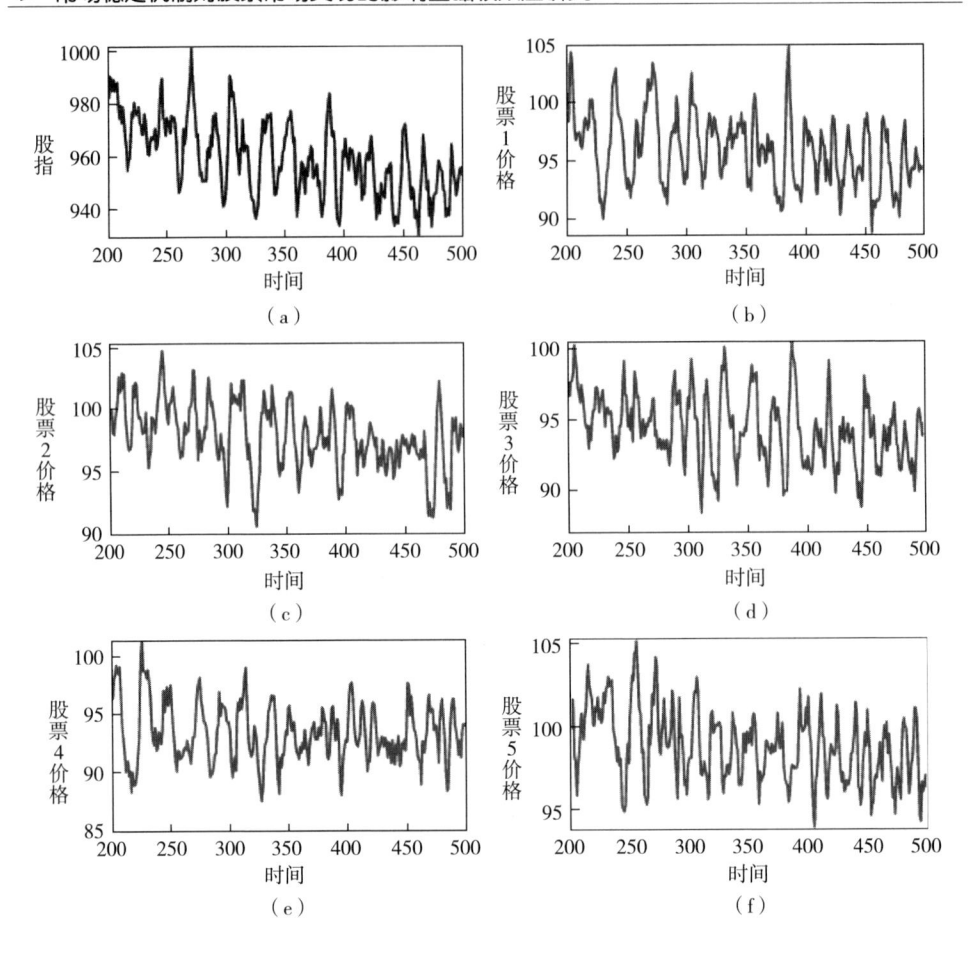

图 5-1 当 $H=100\%$ $b=0$ 时，股指和个股价格走势

表 5-2 股指和个股收益率的描述性统计分析

	最大值	最小值	标准差	偏度	峰度
股指	0.0254	-0.0202	0.0069	0.0281	3.0843
股票 1	0.0493	-0.0461	0.0152	0.0943	3.3878
股票 2	0.0488	-0.0455	0.015	0.0947	3.4473
股票 3	0.0488	-0.0452	0.0153	0.0842	3.3529
股票 4	0.0487	-0.0466	0.0154	0.0722	3.3857
股票 5	0.05	-0.0451	0.0153	0.105	3.3436

次实验取平均的股指和个股收益率的描述性统计分析表。从结果可以看出我们构建的模型股票价格的峰度均大于3，收益率的最大值和最小值接近±0.05，可见模型中市场波动相对较小。通过股指和个股收益率的描述性统计分析我们设置熔断线的大小。与前面涨跌幅限制的模型类似，本章熔断模型我们进行参数设置并模拟，模型结果能够呈现出金融市场的典型事实，就说明模型可以被用来研究金融问题。模型中参数设置是参考相关文献并进行大量模拟最终选定的，参数不是来自实际金融市场，所展示的股票价格和股指价格也是在模拟条件下得到的虚拟资产价格，并没有与实际市场中的股指和股票价格相对照。

二、股指熔断现象与熔断时间

我们通过模拟在不同熔断限制大小和不同参考股指强度的影响下，计算熔断事件的发生时间。调节熔断限制 $H=1\%$，2%，3%，4%，5%，…，29%，30%，同时调节交易者参考股指涨跌的强度 $b=0$，0.1，0.2，0.3，…，0.9，在每个参数组合下做20次实验取平均，得到不同参数组合下平均熔断时间的热图。实验结果如图5-2所示。实验结果发现在不同的参数组合下，股指的平均熔断时间也不同。

首先，研究发现熔断线 H 的大小会影响熔断事件的发生。熔断线设置得越小，市场中越容易发生熔断事件；熔断线设置得越宽松，市场中发生熔断事件的可能性就比较小。从图5-2能够看出，在模型中熔断线在20%附近是熔断发生与否的分界线。当熔断线设置为1%~18%时，无论 b 的取值为多少，市场中均发生了熔断事件。而当熔断线放宽到20%之后，市场中没有熔断事件发生。特别说明的是，这里我们只能保证在500个交易日范围内没有熔断事件发生，如果交易时间足够长，不排除有熔断事件发生。

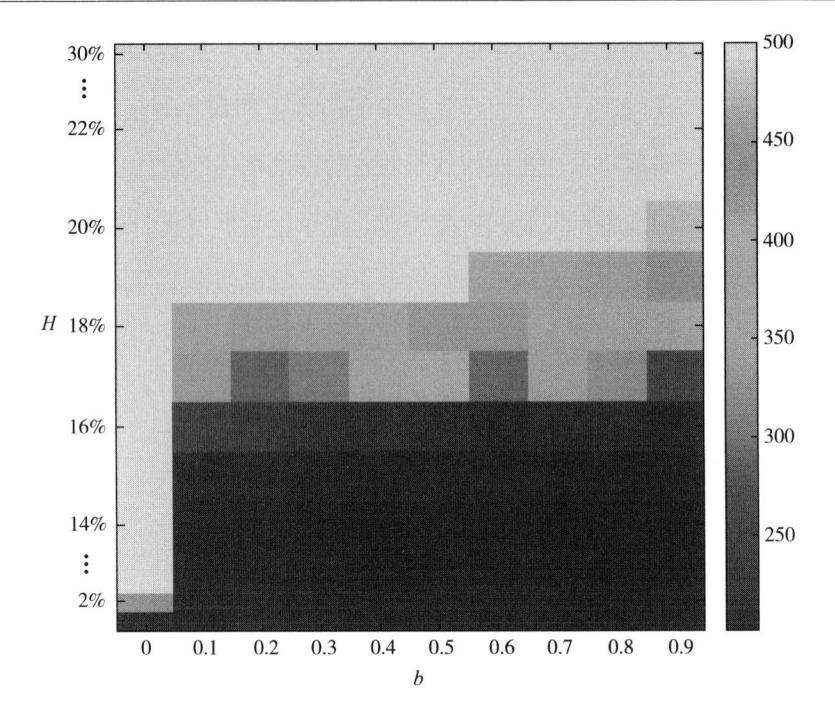

图 5-2 熔断限制 $H=1\%$, 2%, 3%, 4%, 5%, …, 29%, 30%, 交易者参考股指涨跌的强度 $b=0$, 0.1, 0.2, 0.3, …, 0.9, 参数组合下的平均熔断时间

其次,研究交易者参考股指强度 b 对熔断事件的影响。交易者参考股指涨跌进行决策比不参考股指涨跌进行决策更容易发生熔断事件,从图中可以看出,当熔断限制非常小时,$H=1\%\sim3\%$,即使交易者不参考股指进行决策,即 $b=0$,市场中也会有熔断事件发生。当熔断限制放宽一些 $H=4\%\sim15\%$ 时,交易者不参考股指进行决策市场中没有熔断事件发生,而交易者参考股指的部分会发生快速熔断事件,就是图中深色的部分,我们发现这部分无论交易者参考股指的强度大还是小,都会发生快速熔断事件,这部分的平均熔断时间在第 202 个交易日,几乎都是在进行交易的第一天或第二天就发生了熔断,说明交易者参考股指进行决策的行为确实会促进熔断事件的发生。接下来,当熔断线放宽到 $17\%\sim20\%$ 时,交易者参考股指的强度越高,市场中越容易发生熔断事件。最明显的分界线是在熔

断线为19%时，交易者参考股指强度 b 大于0.5时，市场中有熔断事件发生，而 $b \leqslant 0.5$ 时没有熔断事件发生。

总体而言，熔断限制 H 和交易者参考股指强度 b 对熔断事件发生时间的影响规律是：熔断限制越小越容易发生熔断，交易者参考股指决策的强度越大，越容易发生熔断。对于市场监管者来说，交易者参考股指进行决策的强度会影响熔断线大小的设置。在同样的市场条件下，交易者参考股指进行交易的市场比交易者不参考股指的市场要设置更高的熔断限制，而交易者参考股指强度高（$0.5 \leqslant b \leqslant 0.9$）的市场比交易者参考股指强度低（$0<b<0.5$）的市场需要设置更高的熔断限制。

研究结果已经证实熔断线的大小和交易者参考股指强度对熔断事件的发生以及熔断时间有影响。那么他们对于熔断模式以及市场行情会不会也有不同的影响呢？图5-3和图5-4分别展示了 $H=1\%$，$b=0$ 和 $H=9\%$，$b=0.7$ 这两组参数下熔断日股指和个股价格走势图。图5-3展示了在 $H=1\%$，$b=0$ 的参数下，熔断日为第218个交易日，熔断时间为 $\tau=19$，即第19个小周期。我们的模型没有熔断后再恢复交易的功能，所以在熔断事件发生时交易暂停会一直持续到交易日结束，深色的实线即表示交易的暂停。这次熔断是上涨熔断，其中股票2、股票3和股票5在熔断日内价格均为波动上升趋势，并且这3只股票在接近熔断点时，股价有明显的跃升。而股票1在熔断日当天的股价走势是波动下降的，还有股票4，虽然在熔断日的股价走势是波动上升，但是在接近熔断发生时，其股票价格有明显的下降的趋势。这与我们的常识相符，交易者完全不参考股指进行交易，个股的走势本就应该有上升和下降的不确定性。图5-4展示了在 $H=9\%$，$b=0.7$ 的参数下，熔断日为第205个交易日，熔断时间为 $\tau=21$。这次是股指下跌熔断，此时，市场中交易者参考股指强度 b 比较高，个股之间的走势非常相似，这是因为较高的股指参考强度将个股与股指耦合在了一起，最终导致市场发生熔断。

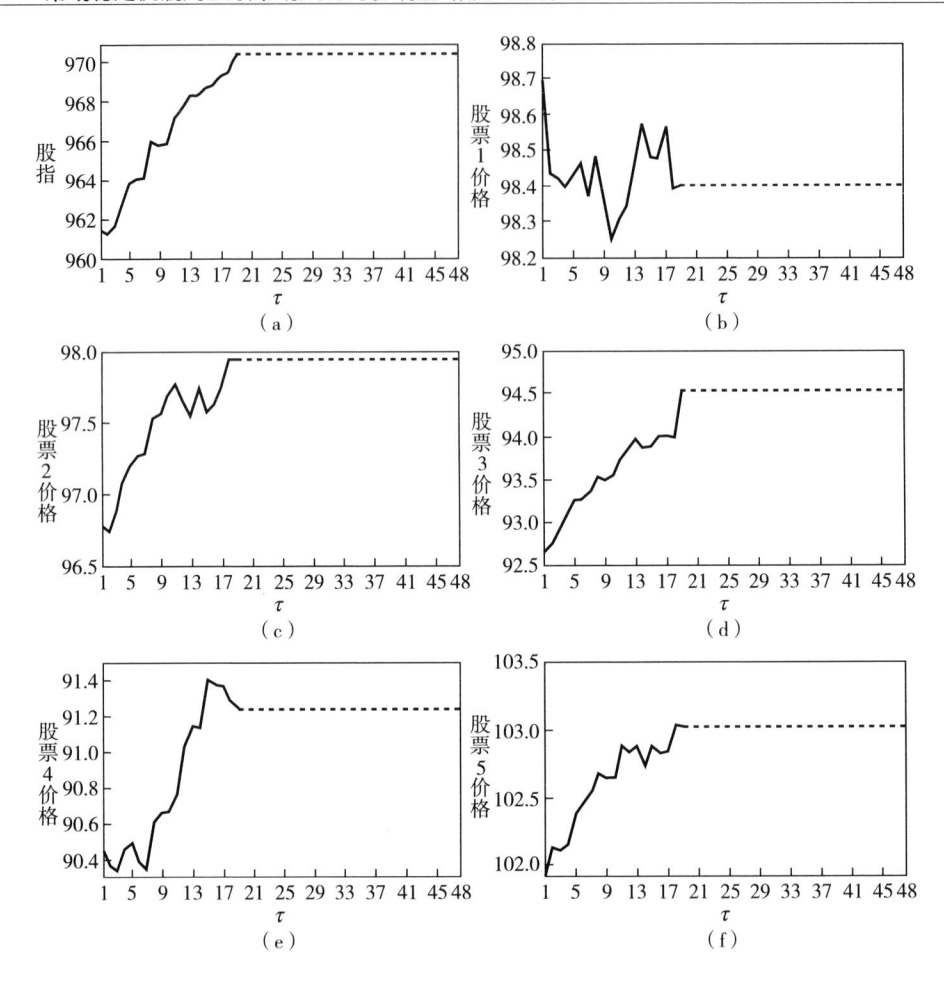

图 5-3　当 $H=1\%$，$b=0$ 时，熔断日股指和个股价格走势

从图5-3和图5-4展示的结果发现，在不同的熔断限制和交易者参考股指强度组合下，熔断事件对于市场行为的影响模式可能不尽相同，即熔断日的市场流动性、市场波动性、个股之间收益率相关性、交易者行为指标的变化情况。同时我们也非常关心熔断发生日和熔断发生前各指标的变化有何不同。

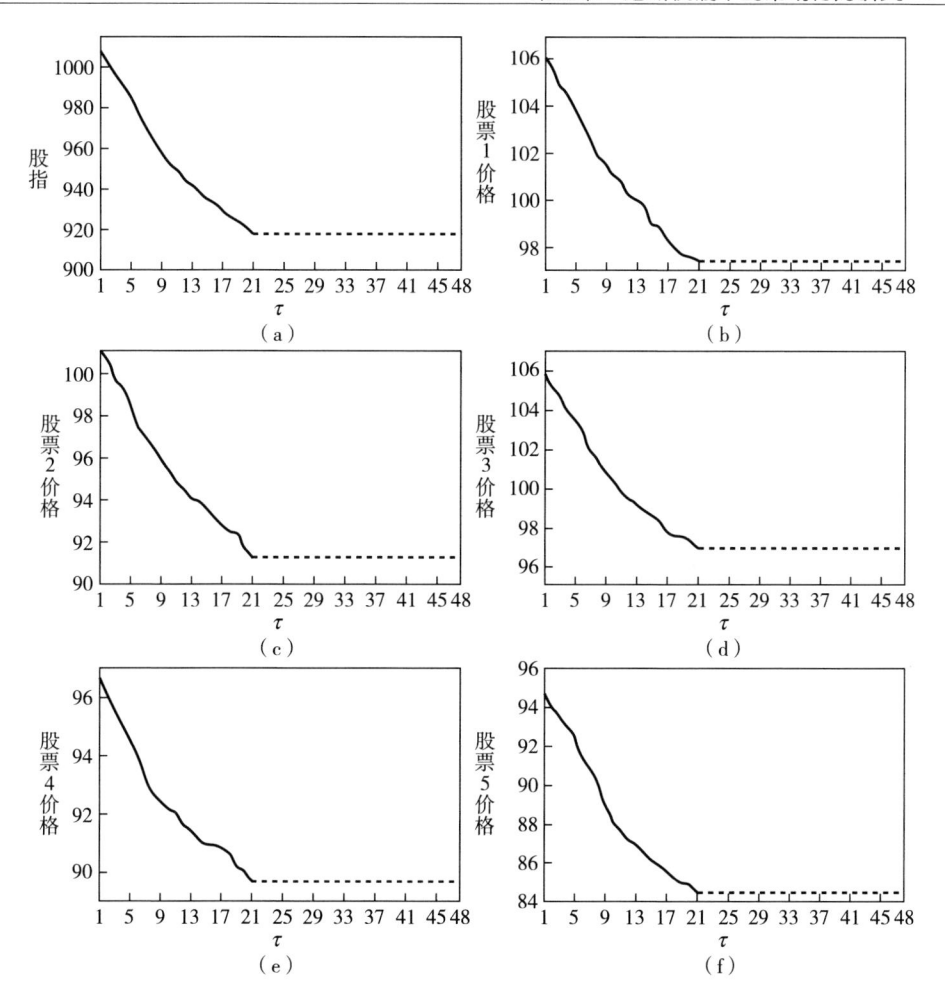

图 5-4　当 $H=9\%$，$b=0.7$ 时，熔断日股指和个股价格走势

三、熔断与市场行为

我们将计算不同熔断限制和交易者参考股指强度的参数组合下市场波动性、市场流动性、股票间收益率相关性和交易者行为指标的走势，并且将展示熔断日和熔断前 5 个交易日市场指标的变化情况。其中 t_0 表示熔断日，t_{-1} 表示熔断前

一天，t_{-2} 表示熔断前两天，t_{-3} 表示熔断前三天，t_{-4} 表示熔断前四天，t_{-5} 表示熔断前五天。其中，$t_0 \geq 206$。与实证研究中截取时间的方法类似，取日内 $\tau = 1$ 至 $\tau = \tau_0$ 作为日内熔断时和熔断前的分析样本。其中 τ_0 表示熔断日 t_0 内的熔断时刻，并且要保证 $6 \leq \tau_0 \leq 48$，我们并不考虑开盘后 30 分钟之内的熔断事件，那种开盘即触板的现象不在我们的研究范畴内。与实证研究中不同，模型在截取数据时，并没有去掉开盘后的一段时间而是直接从 $\tau = 1$ 开始，这是因为在模型中没有开盘交易更剧烈的设定和影响，所以模型中就从开盘时间开始进行研究。

从前面熔断时间图可以看出，当熔断限制设置为 $H = 4\% \sim 15\%$，并且当 $0.1 \leq b \leq 0.9$ 时，市场中会发生快速熔断事件，这使我们无法获取熔断之前交易日的指标变化。当熔断限制设置范围较大，为 $H = 20\% \sim 30\%$ 时，在 500 期的时间范围内并不发生熔断事件。所以在接下来的分析中，我们进行分析的样本必须满足条件 $t_0 \geq 206$ 和 $6 \leq \tau_0 \leq 48$，也就是至少要经过六个交易日后发生熔断，并且日内的熔断时刻距离开盘时间要大于 30 分钟。取 16 种参数组合进行多次模拟，得到满足条件的分析样本。当交易者参考股指强度 $b = 0$ 时，取参数组合 $H = 1\%\ b = 0$，$H = 2\%\ b = 0$，$H = 3\%\ b = 0$；当熔断限制为 $H = 16\%$ 时，取参数组合 $H = 16\%\ b = 0.2$，$H = 16\%\ b = 0.5$，$H = 16\%\ b = 0.8$；当熔断限制为 $H = 17\%$ 时，取参数组合 $H = 17\%\ b = 0.2$，$H = 17\%\ b = 0.5$，$H = 17\%\ b = 0.8$；当熔断限制为 $H = 18\%$ 时，取参数组合 $H = 18\%\ b = 0.2$，$H = 18\%\ b = 0.5$，$H = 18\%\ b = 0.8$。这样我们既能比较当交易者参考股指强度相同时，熔断线的大小对市场行为的影响，又可以比较当熔断限制相同时，交易者参考股指强度的大小对市场行为的影响。在每个参数组合下有 20 次实验样本，从实验样本中选择满足熔断时间条件的样本进行熔断指标分析，计算市场波动性、市场流动性、股票间收益率的相关性、交易者行为趋同性和交易者提交市价订单比例指标。在确定的参数组合下对市场波动性、市场流动性、股票间收益率相关性和交易者提交市价订单比例指标的计算，是对在该参数组合下所有满足条件的熔断样本指标取平均，得到在此参数组合下的市场行为指标。本节不像第三章对涨跌幅限制的磁吸效应研究中将个股触板视为独立的事件而进行指标分类，是因为熔断限制导致的交易暂停是对整个市场的影响，所以多次实验熔断平均值更能代表该市场的特征。

1. 市场波动性

首先计算市场波动性，熔断前及熔断日市场波动性指标的计算方法是计算日内指数收益率的标准差：

$$\bar{r}_I = \frac{1}{\tau_0} \sum_{\tau=1}^{\tau_0} r_I(\tau;t) \tag{5-15}$$

$$V_t = \sqrt{\frac{1}{\tau_0 - 1} \sum_{\tau=1}^{\tau_0} (r_I(\tau;t) - \bar{r}_I)^2} \tag{5-16}$$

其中，V_t 表示市场波动性，$r_I(\tau;t)$ 表示日内股票收益率，$\bar{r}_I$ 表示股票收益率的平均值，τ_0 表示熔断时刻。

图 5-5 展示的是熔断日和熔断发生前市场波动性的变化情况，图中每个参数组合下的市场波动率走势是该参数下所有满足熔断时间条件的样本市场波动率取平均值得到的。为了能直观地看清不同参数下的市场波动情况，我们按照 $b=0$，$b=0.2$，$b=0.5$，$b=0.8$ 画四个子图。首先从熔断日和熔断前市场波动性的比较看，研究发现熔断日的市场波动性最大，明显高于熔断前，在所有的参数组合下都得到了这条规律，这与实证研究中熔断日市场波动性比较大的结论相一致。接下来从熔断限制和交易者参考股指强度对市场波动性的影响看，从图 5-5 (a) ~图 5-5 (d) 都可以看出在熔断日，熔断限制 $H=18\%$ 的市场波动性最高，也就是随着熔断限制的放宽，市场波动性越来越大。这说明相较于交易者参考股指强度 b 来说，熔断限制的大小是决定市场波动性的主要因素。

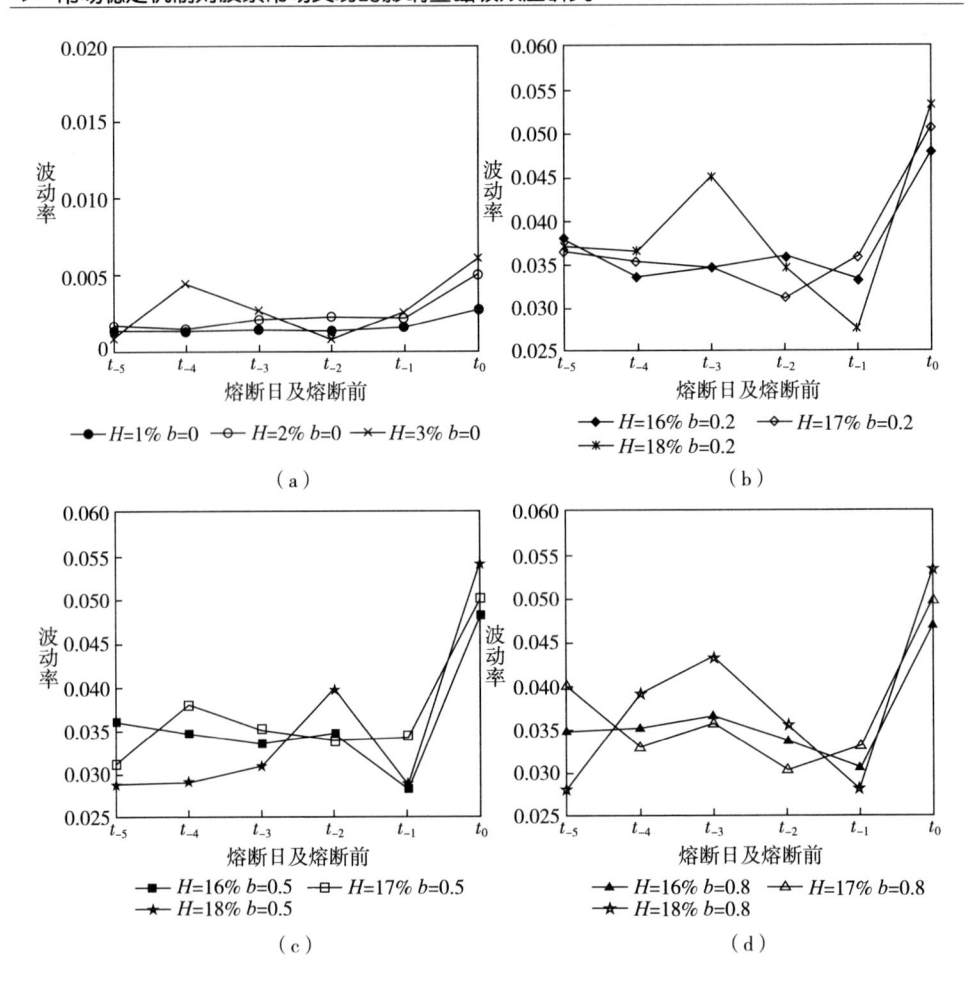

图 5-5　在熔断日和熔断前，市场波动性变化

注：(a) 当 H 与 b 分别取值为 $H=1\%\ b=0$，$H=2\%\ b=0$，$H=3\%\ b=0$ 时，熔断日和熔断前市场波动性变化情况；(b) 当 H 与 b 分别取值为 $H=16\%\ b=0.2$，$H=17\%\ b=0.2$，$H=18\%\ b=0.2$ 时，熔断日和熔断前市场波动性变化情况；(c) 当 H 与 b 分别取值为 $H=16\%\ b=0.5$，$H=17\%\ b=0.5$，$H=18\%\ b=0.5$ 时，熔断日和熔断前市场波动性变化情况；(d) 当 H 与 b 分别取值为 $H=16\%\ b=0.8$，$H=17\%\ b=0.8$，$H=18\%\ b=0.8$ 时，熔断日和熔断前市场波动性变化情况。

2. 市场流动性

接下来计算市场流动性指标，市场流动指标是计算每个交易日内市场成交量的平均值，计算公式如式（5-17）所示：

$$Q_t = \frac{1}{\tau_0} \sum_{j=1}^{M} \sum_{\tau=1}^{\tau_0} Q_{\tau,t,j} \qquad (5-17)$$

其中，Q_t表示市场流动性，$Q_{\tau,t,j}$表示个股日内的成交量数据，τ_0表示熔断时刻。

图5-6（a）展示的是不同参数组合下，熔断前和熔断日市场流动性的变化情况，图中参数下的市场流动性走势也是满足条件的所有样本指标的平均值。首先从熔断日和熔断前市场流动性的比较看，在模型中市场流动性指标在熔断日和熔断前并没有明显的趋势，并不像对S&P 500实证分析中发现熔断日的成交量要高于熔断前和熔断后，甚至在模型中，熔断日的成交量有较前一日下降的趋势。接下来考察熔断限制和交易者参考股指强度对市场流动性的影响，结果发现在较小的熔断限制下，市场的流动性更好，而宽松的熔断限制反而降低了市场流动性。究其原因，一方面，较小的熔断限制使买卖价差更小，交易更容易达成。另一方面，当$b=0$时，即交易者不参考股指进行决策时，市场中交易者行为趋同性会明显小于交易者参考股指进行交易的市场，而交易者行为趋同性的减弱有利于市场流动性的增加。这一定程度上也可以解释当$b=0.2$，$b=0.5$，$b=0.8$时，熔断日的成交量较前一日有所下降，就是由于市场中有很强的交易者行为趋同性，即交易者的买卖方向相同，市场流动性会降低。

3. 个股相关性

从熔断与个股相关性的角度，我们计算每日股票间收益率相关性指标，股票间收益率的相关性用日内股票间收益率相关系数的平均值来衡量：

$$\rho_t = \frac{1}{M(M-1)} \sum_{i \neq j=1}^{M} \rho_{ij} \qquad (5-18)$$

其中，ρ_t表示股票间收益率的相关性，ρ_{ij}代表股票i和股票j的收益率的皮尔逊相关系数。

图 5-6（b）展示的是不同参数组合下，熔断前和熔断日股票间收益率的相关性指标变化情况。首先从熔断日和熔断前个股相关性的比较看，图 5-6（b）中能够看出，当交易者不参考股指进行交易决策时，即 $b=0$ 时，熔断日股票间收益率的相关性最高，熔断前的交易日个股收益率的相关性较弱，甚至有为负数的情况。当交易者参考股指进行决策，即 $b>0$ 时，无论是熔断日还是熔断前，股票间收益率的相关性都比较高，这是由于交易者参考股指进行决策所带来的个股涨跌的一致性。接下来从熔断限制和交易者参考股指强度对个股间收益率的相关

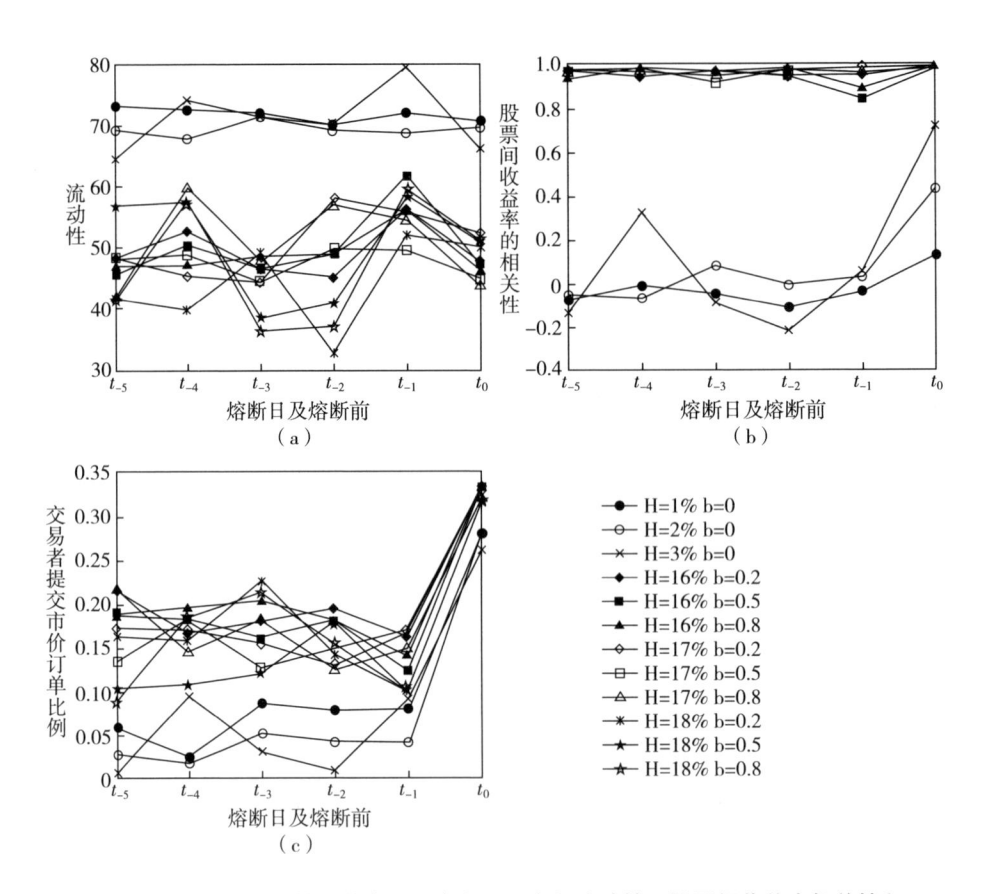

图 5-6 在熔断日和熔断前在不同参数下，市场流动性、股票间收益率相关性和交易者提交市价订单比例指标

注：(a) 市场流动性；(b) 股票间收益率的相关性；(c) 交易者提交市价订单比例。

性影响角度看，交易者参考股指进行决策的强度 b 对股票间收益率的相关性指标影响更大。如果交易者参考股指进行决策，那么发生熔断事件时，无论是熔断前还是熔断日，股票间收益率的相关性指标都要远远高于交易者不参考股指进行决策时的个股收益率相关性。

4. 交易者行为

交易者行为趋同性指标是计算每个交易日内买卖订单平衡性的指标，计算公式如式（5-19）所示：

$$D_{\tau,t} = \frac{1}{M} \sum_{j=1}^{M} \left| \frac{order_{\tau,t,j}^+ - order_{\tau,t,j}^-}{order_{\tau,t,j}^+ + order_{\tau,t,j}^-} \right| \tag{5-19}$$

其中，$order_{\tau,t,j}^+$ 表示在交易日 t，时间 τ 内个股 j 的委托买单数量，$order_{\tau,t,j}^-$ 则表示委托卖单数量。每个交易日的交易者行为趋同性指标 $D_{\tau,t}$ 是一个时间序列，表示截取时间内交易者行为的走势情况。对于交易者行为趋同性指标我们没有取日内平均值，而是选择用日内时间序列的角度来进行展示。这是因为我们想更直观研究在熔断日接近熔断发生时，市场中交易者行为一致性指标是不是像实证研究的那样，有明显的加速运动趋势。

图 5-7 展示的是不同参数组合下，熔断日及熔断前交易者行为趋同序列，深色的实线表示熔断日，其他虚线表示熔断前。从熔断日与熔断前交易者行为趋同性的比较来看，当交易者不参考股指进行交易决策时，如图 5-7（a）所示，熔断日与熔断前交易者行为趋同性指标均在 0.3 附近波动，也就是熔断日与熔断前市场整体的交易者行为趋同序列没有明显的差别，但是在接近熔断时刻，熔断日的交易者行为趋同性指标有明显的跃升，这与实证研究中 S&P 500 指数在熔断日交易者行为趋同性指标有明显的上升一致。当交易者参考股指进行交易决策时，如图 5-7（b）~图 5-7（d）所示，熔断日的交易者行为趋同序列都是居于高位的，但是 b 的大小会影响熔断前交易日的交易者行为趋同性，当 b 比较小时，如

图 5-7（b）所示，熔断前与熔断日交易者行为趋同度差距较大。随着 b 的增加，熔断日与熔断前交易者行为趋同性的差距在变小。特别地，我们发现当交易者日内的行为趋同性指标一直保持在高位，如果发生熔断，那么在接近熔断事件发生时，交易者行为趋同性的走势会下降，这是因为一直保持在高位的交易者行为趋同性指标暗示着市场中买卖交易的不平衡，市场中可能是买方或卖方占据了市场，这时作为交易对手的流动性需求交易者会使交易达成，即达到熔断线，但是交易者行为趋同性指标会降低。

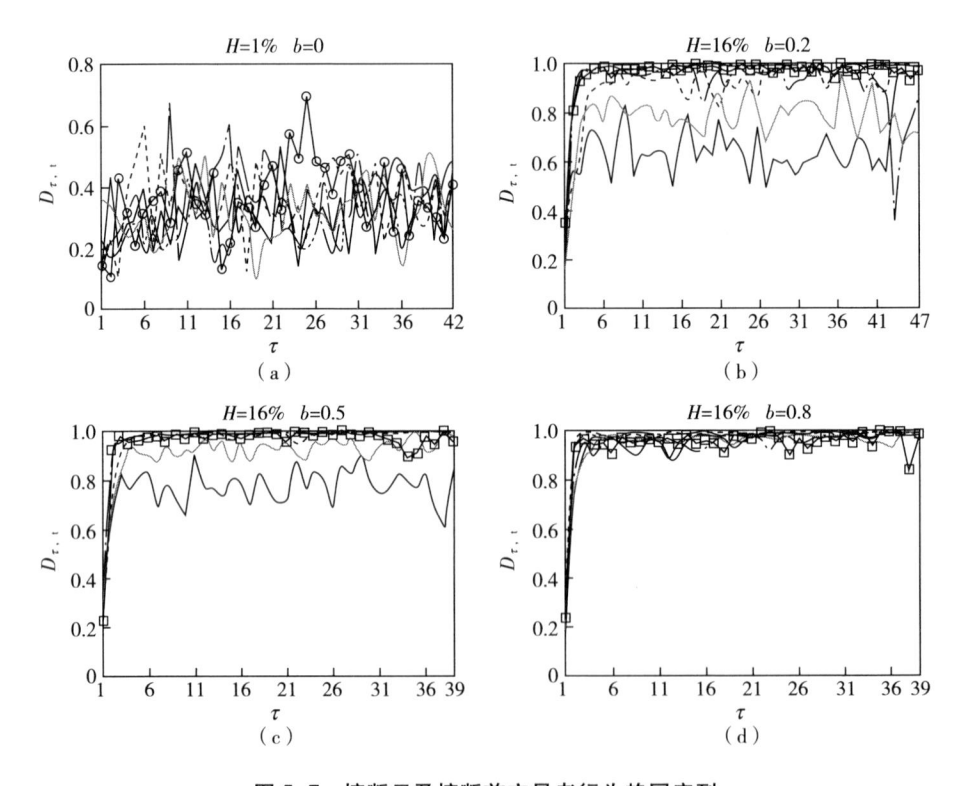

图 5-7 熔断日及熔断前交易者行为趋同序列

注：(a) 当 $H=1\%$ $b=0$ 时，熔断日和熔断前交易者行为趋同序列；(b) 当 $H=16\%$ $b=0.2$ 时，熔断日和熔断前交易者行为趋同序列；(c) 当 $H=16\%$ $b=0.5$ 时，熔断日和熔断前交易者行为趋同序列；(d) 当 $H=16\%$ $b=0.8$ 时，熔断日和熔断前交易者行为趋同序列。深色实线表示熔断日，其他虚线表示熔断前。

从交易者提交市价订单的角度看,交易者提交市价单比例指标是计算每个交易日内市场中交易者提交市价单比例的标准差:

$$\bar{f}_I = \frac{1}{\tau_0} \sum_{\tau=1}^{\tau_0} \sum_{i=1}^{N} f_i(\tau;\ t) \tag{5-20}$$

$$f_t = \sqrt{\frac{1}{\tau_0 - 1} \sum_{\tau=1}^{\tau_0} \left(\sum_{i=1}^{N} f_i(\tau;\ t) - \bar{f}_I \right)^2} \tag{5-21}$$

其中,f_t 表示交易者提交市价单比例指标,$f_i(\tau;\ t)$ 表示每一期交易者提交市价订单的比例。

图 5-6(c)展示的是不同参数组合下,熔断前和熔断日交易者提交市价订单比例指标的变化情况。从熔断日与熔断前交易者提交市价订单比例的比较看,在所有参数下熔断日交易者提交市价订单的标准差远高于熔断前,这说明在熔断日,交易者担心流动性缺失迫切地想进行交易,于是提交市价订单的比例在上升。另外,在交易者参考股指进行决策的条件下,交易者提交市价订单比例指标要高于交易者不参考股指进行决策的情况,这说明交易者参考股指强度 b 的存在,使市场中交易者行为趋同性上升,从而导致市场整体的价格走势趋同,引发熔断。

第四节 本章小结

本章构建了一个具有多资产的股票市场多主体模型,市场中有趋势交易者和均值回复交易者。趋势交易者在决策时,一方面会参考短期股价的移动平均值,另一方面会参考股指涨跌,而均值回复交易者仅以长期股价的移动平均值作为自己决策的参考,在连续双向拍卖机制下就形成了个股价格与股价指数。

首先，通过调节熔断限制和交易者参考股指强度的大小，研究发现熔断限制和交易者参考股指强度会影响熔断时间。总体而言，熔断限制越小越容易发生熔断，交易者参考股指决策的强度越大，越容易发生熔断。对于市场监管者来说，在同样的市场条件下，交易者参考股指进行交易的市场比交易者不参考股指的市场要设置更高的熔断限制，而交易者参考股指强度高（$0.5 \leqslant b \leqslant 0.9$）的市场比交易者参考股指强度低（$0 < b < 0.5$）的市场需要设置更高的熔断限制。

其次，研究发现熔断限制和交易者参考股指强度会影响市场行为。从市场波动性的角度，研究发现熔断日的市场波动性高于熔断之前的市场波动性，并且熔断限制的大小是影响市场波动率大小的关键因素，熔断限制越宽松，在发生熔断时的市场波动性就越大。从交易者参考股指强度进行决策的影响看，当交易者完全不参考股指进行决策时，熔断事件的发生是因为较小的熔断限制所导致的交易者行为的趋同以及交易者提交市价订单比例的上升，伴随较好的市场流动性、较低的股票间收益率的相关性。当交易者更多地参考股指进行决策时，熔断事件的发生一方面是由于价格限制的存在，另一方面是由于交易者参考股指所带来的交易行为的趋同，伴随较低的市场流动性、很强的股票间收益率的相关性，很强的交易者行为趋同性。

最后，分析交易者参考股指强度的大小与熔断发生具有实际意义，因为在实际市场中，交易者参考股指的强度通常是内生的，并且会随市场行情的变化而改变。当市场中发生熔断事件的可能性增加时，市场中交易者紧盯市场指数的强度会增加，导致交易者参考股指强度内生地、动态地变大，而在一般的市场行情下，交易者参考股指的强度相对较小。

综上所述，我们发现交易者参考股指来进行决策会增加市场的不稳定性。从熔断时间角度看，交易者参考股指强度越大，越容易发生熔断。从熔断与市场行为角度看，交易者参考股指强度增大，会增加交易者行为的一致性，导致市场流动性缺失，提高交易者提交市价订单的比例，提高股票间收益率的相关性，增加市场波动，使得熔断更容易发生。这与 Lux（1995）[162] 的工作，以及 Bikhchandani 和 Sharma（2000）[163] 发现羊群行为会导致市场稳定性降低、脆弱性上升、使得市场发生过度波动的研究结果一致。

第六章 总结与展望

金融市场作为一个复杂系统,各主体之间相互作用涌现出宏观现象。股票市场作为庞大金融系统的一个组成部分,同样具有复杂系统的特征。市场中的交易者会采用各种交易策略,如基本值交易策略、趋势交易策略、均值回复策略等,采用不同交易策略的市场交易者之间的相互作用就会形成股票价格。但1987年的黑色星期一、1997年的亚洲金融危机、2008年的全球金融危机、2020年的股市崩盘等金融异象层出不穷,我们越来越不能用均衡的、有效的、理性的、确定性的眼光来看待金融市场,而是要用有机的、不确定的、不断演化的视角来看待金融市场。面对这些金融异象,市场监管者也逐渐意识到,市场不能完全地、内生地、自觉地按照市场规律运行,一些必要的监管政策逐渐推出并不断完善,其中以涨跌幅限制和熔断机制为代表的市场稳定机制越来越成为世界上大多数国家对股票或期货市场进行调控的重要监管措施。但是学术界对于市场稳定机制影响的研究结果还具有争议性。从中国股票市场的实际出发,市场稳定机制一直是我国股票市场非常重要的监管政策。无论是早期频繁的调节涨跌幅限制还是2016年熔断机制的试尝试,都反映我国对于市场稳定机制的重视。2020年更是特别的一年,新冠疫情的全球大流行,随之而来的世界股市崩盘并引发的全球熔断潮,为我们提供了新的、丰富的研究素材。在这样的背景下,研究市场稳定机制对市场交易的影响具有理论和实际意义。本书以复杂系统思维为指导,通过多主体模拟和实证研究相结合的方法，探索以涨跌幅限制和熔断机制为代表的市场稳定机制对股票市场交易的影响。

第一节　总结

在涨跌幅限制的磁吸效应研究方面，本书构建了一个具有涨跌幅限制的单资产股票市场多主体模型来研究涨跌幅限制的磁吸效应。在人工股票市场中有基本值交易者和趋势交易者，通过连续双向拍卖交易机制形成股票价格，该模型能够重现尖峰厚尾、波动聚集等金融市场典型事实。通过调节涨跌幅限制的大小，该模型能够展示股价涨跌停板事件以及磁吸效应。从触板事件的发生角度，本书研究发现涨跌幅限制的大小和交易者比例的变化会影响触板事件的发生，对于基本值交易者占优势的市场，市场中触板事件的发生率较低，并且更多地会发生长时缓慢触板事件，而对于趋势交易者占优势的市场，通常会发生更多的触板事件，并且触板事件的类型更多的是短时快速触板，这对市场监管者和市场交易者来说，充分了解市场环境是制定监管政策、调整交易策略的关键。从磁吸效应角度，本书首先从实证分析出发，通过对2020年3月七个国家股票市场的触板事件进行分析，利用时间距离的二次函数对熔断或触板前30分钟的交易活动进行建模，结果发现超过一半的市场都伴随50%以上的磁吸效应发生率，这说明磁吸效应大概率会发生。在具有磁吸效应的样本中我们发现在触板前，绝大多数股票的收益率指标和交易者行为一致性指标呈现出显著增加的趋势。其次，我们用同样的方法对模型中的磁吸效应进行检验，研究发现模型中的磁吸效应发生率为65.95%，这与实证分析结果一致，再一次印证了磁吸效应是大概率会发生的。同时，模型更多地出现了随着接近触板事件的发生，收益率指标、交易者行为一致性指标和交易者提交市价订单比例指标呈现出显著增加的趋势,交易者行为趋同和交易者迫切地想进行交易的心理是导致磁吸效应发生的重要原因。

作为具有涨跌幅限制的单资产股票市场多主体模型的一个特例,本书研究了极端小的涨跌幅限制对股票市场的影响。中国股票市场发展早期曾频繁地调节涨跌幅限制,并且涨跌幅限制的阈值设置得都非常小,这时上证综指价格呈现出沿着涨跌幅限制单边上升或下降的趋势,并且股价的波动非常小,这为我们提供了一个非常好的自然实验。基于以上发现,在具有涨跌幅限制的单资产股票市场多主体模型框架基础上继续进行研究,重点关注极端小的涨跌幅限制下股票价格的走势。模型重现了中国股票市场发展早期股指价格的单边形态,研究发现这种单边形态的股价走势是买方或卖方主导市场的结果,也就是市场中供给和需求严重失衡。这种单边价格形态也可以解释为市场中原本异质的交易者行为趋同的结果,而极端小的涨跌幅限制有助于交易者行为一致性的形成。这时,旨在抑制股价过度波动的市场稳定机制只会导致股价在更长的时间范围内继续上涨或下跌,甚至比波动率溢出效应带来的市场波动更大。

在熔断与市场交易行为方面,本书构建一个具有熔断机制的多资产股票市场多主体模型来研究熔断下的市场行为。与涨跌幅限制不同,熔断机制是针对股票指数的限制,当股指触发熔断线时会产生市场范围的交易暂停,所以熔断机制比涨跌幅限制对市场的影响更加深远。从实证分析角度,本书以美国 S&P 500 指数及其成分股在 2020 年 3 月,22 个交易日的高频交易数据作为研究对象,采用事件分析法,研究结果发现市场的波动率、流动性和交易者行为趋同性指标在熔断日明显高于熔断前和熔断后。从多主体模拟角度,在多资产股票市场中有多只可供交易的股票,趋势交易者和均值回复交易者在连续双向拍卖交易机制下进行交易就形成了个股价格,进而由个股价格形成股价指数。通过调节熔断线和交易者参考股指强度的大小,研究发现熔断限制越小越容易发生熔断;交易者参考股指决策的强度越大,越容易发生熔断。对于熔断下市场行为的探索,从市场波动性的角度，研究发现熔断日的市场波动性高于熔断之前的市场波动性，并且熔断限制的大小是影响市场波动率大小的关键因素，熔断限制越宽松，在发生熔断时的市场波动性越大。从交易者参考股指强度进行决策的影响看，当交易者完全不参考股指进行决策，熔断事件的发生是因为较小的熔断限制所导致的交易者行为的趋同以及交易者提交市价订单比例的上升，伴随较好的市场流动性、较低的股票间收益率的相关性。当交易者更多地参考股指进行决策时，熔断事件的发生一方面是由于价格限制的存在，另一方面是由于交易者参考股指所带来的交易行为的趋同，伴随较低的市场流动性、很强的股票间收益率的相关性，很强的交易者行为趋同性。

第二节　展望

虽然我们通过多主体模拟方法结合实证分析，给出了有关于磁吸效应发生率、磁吸效应模式、中国极端小的涨跌幅限制下的市场形态还有熔断与金融市场行情等问题的研究进展，但是由于本人的认知水平和时间有限，目前所做的研究只是有限的一部分。接下来，还有很多复杂且有意义的工作等待着我们进一步地深入研究和探讨。

（1）在市场主体行为设定方面，本书的模型都是基于典型交易策略的异质主体模型，在我们的模型中交易者是没有学习能力的。在今后的研究中，我们计划加入遗传算法、强化学习等人工智能技术让交易者进行学习，研究在这样的市场环境中交易者面对市场稳定机制会做出怎样的选择。

（2）在模型校准方面，本书构建的具有涨跌幅限制的单资产股票市场多主体模型和具有熔断机制的多资产股票市场多主体模型，在验证模型有效性时只是定性地检验了模拟结果能否重现金融市场中的典型事实,并没有与特定的真实市场数据进行对比。在未来的研究中,我们计划对实际金融市场的高频交易数据进行分析,构建能反映真实金融市场特性的多主体模型。在这样的模型框架下对市场稳定机制进行研究,为实际市场设置预警信号。

(3)在市场稳定机制研究方面,本书对涨跌幅限制和熔断机制对股票市场交易的影响分别进行了探索,但是在实际市场中,有多种市场稳定机制混合使用的市场,例如中国2016年实施熔断机制时,市场中还有针对个股的涨跌幅限制。对于这种涨跌幅限制和熔断机制混合研究的分析,特别是从多主体模拟角度的研究现在还不太常见,可以作为未来的研究方向。另外,对于熔断机制的研究,本书的模型只能研究熔断日和熔断前的市场行为变化,熔断后的市场行为没有办法进行研究,然而实证研究发现熔断后伴随的是股指的大涨,这种上涨趋势的原因也是我们未来研究的重点。

参考文献

[1] David Colander, Michael Goldberg, Armin Haas, et al. The financial crisis and the systemic failure of the economics profession [J]. Critical Review, 2009, 21 (2-3): 249-267.

[2] W Brian Arthur. Complexity and the economy [J]. Science, 1999, 284 (5411): 107-109.

[3] 贝塔朗菲. 一般系统论: 基础. 发展和应用 [M]. 北京: 清华大学出版社, 1987.

[4] John H Holland. Complex adaptive systems [J]. Daedalus, 1992, 121 (1): 17-30.

[5] 狄增如. 系统科学视角下的复杂网络研究 [J]. 上海理工大学学报, 2011, 33 (2): 111-116.

[6] James Ladyman, James Lambert, Karoline Wiesner. What is a complex system? [J]. European Journal for Philosophy of Science, 2013, 3 (1): 33-67.

[7] 狄增如. 探索复杂性是发展系统学的重要途径 [J]. 系统工程理论与实践, 2011, 31 (专刊1): 37-42.

[8] Daniel Kahneman, Amos Tversky. Prospect theory: An analysis of decision under risk [C]. Proceedings of Handbook of the Fundamentals of Financial Decision

Making. World Scientific, 2013: 99-127.

[9] Andrew W Lo. The adaptive markets hypothesis [J]. The Journal of Portfolio Management, 2004, 30 (5): 15-29.

[10] Jean-Philippe Bouchaud, Damien Challet. Why have asset price properties changed so little in 200 years [C]. Proceedings of Econophysics and Sociophysics: Recent Progress and Future Directions. Springer, 2017: 3-17.

[11] Edward P K Tsang, Serafin Martinez-Jaramillo. Computational finance [J]. IEEE Computa-tional Intelligence Society Newsletter, 2004, 3 (8): 8-13.

[12] 宋学锋. 复杂性, 复杂系统与复杂性科学 [J]. 中国科学基金, 2003, 17 (5): 262.

[13] Dirk Helbing, Stefano Balietti. Fundamental and real-world challenges in economics [J]. Science and Culture, 2010, 76 (9-10): 1-16.

[14] W Brian Arthur. Complexity economics [J]. Complexity and the Economy, 2013.

[15] W Brian Arthur. Foundations of complexity economics [J]. Nature Reviews Physics, 2021: 1-10.

[16] W Brian Arthur, John H Holland, Blake LeBaron, et al. Asset pricing under endogenous expectations in an artificial stock market [J]. The economy as an evolving complex system II, 1996, 27.

[17] 陆雄文. 管理学大辞典 [M]. 上海: 上海辞书出版社, 2013.

[18] Blake LeBaron. Agent-based computational finance: Suggested readings and early research [J]. Journal of Economic Dynamics and Control, 2000, 24 (5-7): 679-702.

[19] Blake LeBaron. A builder's guide to agent-based financial markets [J]. Quantitative finance, 2001, 1: 254-261.

[20] Blake LeBaron. Agent-based computational finance [J]. Handbook of Computational Economics, 2006, 2: 1187-1233.

[21] Carlo Bianchi, Pasquale Cirillo, Mauro Gallegati, et al. Validation in agent-based models: An investigation on the CATS model [J]. Journal of Economic Behavior & Organization, 2008, 67 (3-4): 947-964.

[22] H Peter Boswijk, Cars H Hommes, Sebastiano Manzan. Behavioral heterogeneity in stock prices [J]. Journal of Economic Dynamics and Control, 2007, 31 (6): 1938-1970.

[23] Reiner Franke. Applying the method of simulated moments to estimate a small agent-based asset pricing model [J]. Journal of Empirical Finance, 2009, 16 (5): 804-815.

[24] Bart Frijns, Thorsten Lehnert, Remco C J Zwinkels. Behavioral heterogeneity in the option market [J]. Journal of Economic Dynamics and Control, 2010, 34 (11): 2273-2287.

[25] Saskia Ter Ellen, Remco C J Zwinkels. Oil price dynamics: A behavioral finance approach with heterogeneous agents [J]. Energy Economics, 2010, 32 (6): 1427-1434.

[26] Shu-Heng Chen, Chia-Ling Chang, Ye-Rong Du. Agent-based economic models and econometrics [J]. The Knowledge Engineering Review, 2012, 27 (2): 187-219.

[27] Martin D Gould, Mason A Porter, Stacy Williams, et al. Limit order books [J]. Quantitative Finance, 2013, 13 (11): 1709-1742.

[28] Carl Chiarella, Giulia Iori. A simulation analysis of the microstructure of double auction markets [J]. Quantitative Finance, 2002, 2 (5): 346-353.

[29] Dhananjay K Gode, Shyam Sunder. Allocative effciency of markets with ze-

ro-intelligence traders: Market as a partial substitute for individual rationality [J]. Journal of Political Economy, 1993, 101 (1): 119-137.

[30] J Doyne Farmer, Paolo Patelli, Ilija I Zovko. The predictive power of zero intelligence in financial markets [J]. Proceedings of the National Academy of Sciences, 2005, 102 (6): 2254-2259.

[31] Paola Tubaro. Is individual rationality essential to market price formation? The contribution of zero-intelligence agent trading models [J]. Journal of Economic Methodology, 2009, 16 (1): 1-19.

[32] Jeffrey A Frankel, Kenneth A Froot. Chartists, fundamentalists, and trading in the foreign exchange market [J]. The American Economic Review, 1990, 80 (2): 181-185.

[33] Robert Vigfusson. Switching between chartists and fundamentalists: A markov regimeswitching approach [J]. International Journal of Finance & Economics, 1997, 2 (4): 291-305.

[34] Paul De Grauwe, Hans Dewachter. A chaotic model of the exchange rate: The role of fundamentalists and chartists [J]. Open Economies Review, 1993, 4 (4): 351-379.

[35] Shu-Heng Chen, Chia-Hsuan Yeh. Evolving traders and the business school with genetic programming: A new architecture of the agent-based artificial stock market [J]. Journal of Economic Dynamics and Control, 2001, 25 (3-4): 363-393.

[36] 张维, 李悦雷, 熊熊, 张永杰, 张小涛. 计算实验金融的思想基础与研究范式 [J]. 系统工程理论与实践, 2012 (3): 495-507.

[37] Carl Chiarella. The dynamics of speculative behaviour [J]. Annals of Operations Research, 1992, 37 (1): 101-123.

[38] Richard H Day, Weihong Huang. Bulls, bears and market sheep [J]. Journal of Economic Behavior & Organization, 1990, 14 (3): 299-329.

[39] Mei Zhu, Carl Chiarella, Xue-Zhong He, et al. Does the market maker stabilize the market? [J]. Physica A: Statistical Mechanics and its Applications, 2009, 388 (15-16): 3164-3180.

[40] Dhananjay K Gode, Shyam Sunder. What makes markets allocationally efficient? [J]. The Quarterly Journal of Economics, 1997, 112 (2): 603-630.

[41] Carl Chiarella, Giulia Iori, Josep Perello. The impact of heterogeneous trading rules on the limit order book and order flows [J]. Journal of Economic Dynamics and Control, 2009, 33 (3): 525-537.

[42] Yong H Kim, J Jimmy Yang. What makes circuit breakers attractive to financial markets? A survey [J]. Financial Markets, Institutions & Instruments, 2004, 13 (3): 109-146.

[43] Imtiaz Mohammad Sifat, Azhar Mohamad. Circuit breakers as market stability levers: A survey of research, praxis, and challenges [J]. International Journal of Finance & Economics, 2019, 24 (3): 1130-1169.

[44] Omri Yadlin. A Public Choice Approach to Private Ordering: Rent-Seeking at the World's First Futures Exchange: Comments on Mark West' Private Ordering at the World's First Futures Exchange' [J]. Michigan Law Review, 2000, 98 (8): 2620-2635.

[45] Michael J Brennan. A theory of price limits in futures markets [J]. Journal of Financial Economics, 1986, 16 (2): 213-233.

[46] Laura E Kodres, Daniel P O'Brien. The existence of Pareto-superior price limits [J]. The American Economic Review, 1994, 84 (4): 919-932.

[47] Hisham Farag. Price limit bands, asymmetric volatility and stock market a-

nomalies: Evidence from emerging markets [J]. Global Finance Journal, 2013, 24 (1): 85-97.

[48] Yong H Kim, J Jimmy Yang. The effect of price limits on intraday volatility and information asymmetry [J]. Pacific-Basin Finance Journal, 2008, 16 (5): 522-538.

[49] Kenneth A Kim, Haixiao Liu, J Jimmy Yang. Reconsidering price limit effectiveness [J]. Journal of Financial Research, 2013, 36 (4): 493-518.

[50] Betsy A Kuhn, Gregory J Kuserk, Peter Locke. Do circuit breakers moderate volatility? Evidence from October 1989 [J]. Review of Futures Markets, 1991, 10 (1): 426-434.

[51] Charles MC Lee, Mark J Ready, Paul J Seguin. Volume, volatility, and New York stock exchange trading halts [J]. The Journal of Finance, 1994, 49 (1): 183-214.

[52] Lawrence Kryzanowski, Howard Nemiroff. Price discovery around trading halts on the Montreal Exchange using trade-by-trade data [J]. Financial Review, 1998, 33 (2): 195-212.

[53] Lifan Wu. Market reactions to the Hong Kong trading suspensions: Mandatory versus voluntary [J]. Journal of Business Finance & Accounting, 1998, 25 (3-4): 419-437.

[54] Ruth S K Tan, W Y Yeo. Voluntary trading suspensions in Singapore [J]. Applied Financial Economics, 2003, 13 (7): 517-523.

[55] Kenneth A Kim, S Ghon Rhee. Price limit performance: Evidence from the Tokyo Stock Exchange [J]. Journal of Finance, 1997, 52 (2): 885-901.

[56] William G Christie, Shane A Corwin, Jeffrey H Harris. Nasdaq trading halts: The impact of market mechanisms on prices, trading activity, and execution

costs [J]. The Journal of Finance, 2002, 57 (3): 1443-1478.

[57] Satheesh V Aradhyula, A Tolga Ergün. Trading collar, intraday periodicity and stock market volatility [J]. Applied Financial Economics, 2004, 14 (13): 909-913.

[58] 李广川, 刘善存, 孙盛盛. 价格限制机制对股票价格波动及流动性的影响 [J]. 北京航空航天大学学报（社会科学版）, 2009, 22 (3): 1-5.

[59] 盛军锋, 李善民, 邓勇. 涨跌幅限制: 是否稳定了股票市场? ——基于 GARCH 事件模型的实证检验 [J]. 金融发展研究, 2009 (1): 60-63.

[60] Jeff Madura, Nivine Richie, Alan L Tucker. Trading halts and price discovery [J]. Journal of Financial Services Research, 2006, 30 (3): 311-328.

[61] Shmuel Hauser, Haim Kedar-Levy, Batia Pilo, et al. The effect of trading halts on the speed of price discovery [J]. Journal of Financial Services Research, 2006, 29 (1): 83-99.

[62] Peter-Jan Engelen, Rezaul Kabir. Empirical evidence on the role of trading suspensions in disseminating new information to the capital market [J]. Journal of Business Finance & Accounting, 2006, 33 (7-8): 1142-1167.

[63] Hyun-Jung Ryoo, Graham Smith. Korean stock prices under price limits: Variance ratio tests of random walks [J]. Applied Financial Economics, 2002, 12 (8): 545-553.

[64] Soon Huat Chan, Kenneth A Kim, S Ghon Rhee. Price limit performance: Evidence from transactions data and the limit order book [J]. Journal of Empirical Finance, 2005, 12 (2): 269-290.

[65] Rezaul Kabir. Share price behaviour around trading suspensions on the London Stock Exchange [J]. Applied Financial Economics, 1994, 4 (4): 289-295.

[66] Stephen P Ferris, Raman Kumar, Glenn A Wolfe. The effect of SEC-or-

dered suspensions on returns, volatility, and trading volume [J]. Financial Review, 1992, 27 (1): 1-34.

[67] Shane A Corwin, Marc L Lipson. Order flow and liquidity around NYSE trading halts [J]. The Journal of Finance, 2000, 55 (4): 1771-1801.

[68] Lawrence Kryzanowski, Howard Nemiroff. Market quote and spread component cost behavior around trading halts for stocks interlisted on the Montreal and Toronto Stock Exchanges [J]. Financial Review, 2001, 36 (2): 115-138.

[69] Michael A Goldstein, Kenneth A Kavajecz. Trading strategies during circuit breakers and extreme market movements [J]. Journal of Financial Markets, 2004, 7 (3): 301-333.

[70] Osman Ulas Aktas, Lawrence Kryzanowski, Jie Zhang. Volatility spillover around price limits in an emerging market [J]. Finance Research Letters, 2020, 39, 101610.

[71] 方园. 涨跌幅限制措施对证券价格影响的探讨 [J]. 时代金融, 2006, (12): 35-37.

[72] Gong-meng Chen, Oliver Meng Rui, Steven Shuye Wang. The effectiveness of price limits and stock characteristics: Evidence from the Shanghai and Shenzhen stock exchanges [J]. Review of Quantitative Finance and Accounting, 2005, 25 (2): 159-182.

[73] Cristi A Gleason, Charles M C Lee. Analyst forecasts revisions and market price discovery [J]. The Accounting Review, 2003, 78 (1): 193-225.

[74] Henk Berkman, John Byong Tek Lee. The effectiveness of price limits in an emerging market: Evidence from the Korean Stock Exchange [J]. Pacific-Basin Finance Journal, 2002, 10 (5): 517-530.

[75] Recep Bildik, Güzhan Gülay. Are price limits effective? Evidence from the

Istanbul Stock Exchange [J]. Journal of Financial Research, 2006, 29 (3): 383-403.

[76] Yen-Sheng Huang, Tze-Wei Fu, Mei-Chu Ke. Daily price limits and stock price behavior: Evidence from the Taiwan stock exchange [J]. International Review of Economics & Finance, 2001, 10 (3): 263-288.

[77] Jeff Chung, Li Gan. Estimating the effect of price limits on limit-hitting days [J]. The Econometrics Journal, 2005, 8 (1): 79-96.

[78] Marcelo Fernandes, Marco Aurelio. Are price limits on futures markets that cool? Evidence from the Brazilian Mercantile and Futures Exchange [J]. Journal of Financial Econometrics, 2007, 5 (2): 219-242.

[79] Bruce C Greenwald, Jeremy C Stein. Transactional risk, market crashes, and the role of circuit breakers [J]. Journal of Business, 1991, 64 (4): 443-462.

[80] Mark Armstrong, John Vickers. Welfare effects of price discrimination by a regulated monopolist [J]. The RAND Journal of Economics, 1991, 22 (4): 571-580.

[81] Pauline M Ippolito. Resale price maintenance: Empirical evidence from litigation [J]. The Journal of Law & Economics, 1991, 34 (2, Part 1): 263-294.

[82] William Timberlake. A temporal limit on the effect of future food on current performance in an analogue of foraging and welfare [J]. Journal of the Experimental Analysis of Behavior, 1984, 41 (2): 117-124.

[83] Avanidhar Subrahmanyam. Circuit breakers and market volatility: A theoretical perspective [J]. The Journal of Finance, 1994, 49 (1): 237-254.

[84] David Abad, Roberto Pascual. On the magnet effect of price limits [J]. European Financial Management, 2007, 13 (5): 833-852.

[85] Keqiang Hou, Xing Li, Wei Zhong. Price limits and asymmetry of price dy-

namics—high frequency evidence from the Chinese stock market [J]. Emerging Markets Finance and Trade, 2020, 56 (7): 1447-1461.

[86] Franco Caparrelli, Anna Maria D'Arcangelis, Alexander Cassuto. Herding in the Italian stock market: A case of behavioral finance [J]. The Journal of Behavioral Finance, 2004, 5 (4): 222-230.

[87] Edgars Rihards Indārs, Aliaksei Savin, Ágnes Lublóy. Herding behaviour in an emerging market: Evidence from the Moscow Exchange [J]. Emerging Markets Review, 2019, 38: 468-487.

[88] Jian Yang, James W Kolari, Insik Min. Stock market integration and financial crises: The case of Asia [J]. Applied Financial Economics, 2003, 13 (7): 477-486.

[89] David D Cho, Jeffrey Russell, George C Tiao, et al. The magnet effect of price limits: Evidence from high-frequency data on Taiwan Stock Exchange [J]. Journal of Empirical Finance, 2003, 10 (1-2): 133-168.

[90] Yongmiao Hong, Jun Tu, Guofu Zhou. Asymmetries in stock returns: Statistical tests and economic evaluation [J]. The Review of Financial Studies, 2007, 20 (5): 1547-1581.

[91] Daphne Yan Du, Qianqiu Liu, S Ghon Rhee. An analysis of the magnet effect under price limits [J]. International Review of Finance, 2009, 9 (1-2): 83-110.

[92] Ping-Hung Hsieh, Yong H Kim, J Jimmy Yang. The magnet effect of price limits: A logit approach [J]. Journal of Empirical Finance, 2009, 16 (5): 830-837.

[93] K. Woon Wong, Bo Liu, Yong Zeng. Can price limits help when the price is falling? Evidence from transactions data on the Shanghai Stock Exchange [J]. China

Economic Review, 2009, 20 (1): 91-102.

[94] Woon K Wong, Matthew C Chang, Anthony H Tu. Are magnet effects caused by uninformed traders? Evidence from Taiwan Stock Exchange [J]. Pacific-Basin Finance Journal, 2009, 17 (1): 28-40.

[95] Eskandar A Tooma. The magnetic attraction of price limits [J]. International Journal of Business, 2011, 16 (1): 35-50.

[96] Ting Wu, Yue Wang, Ming-Xia Li. Post-hit dynamics of price limit hits in the Chinese stock markets [J]. Physica A: Statistical Mechanics and its Applications, 2017, 465: 464-471.

[97] Imtiaz Mohammad Sifat, Azhar Mohamad. Trading aggression when price limit hits are imminent: NARDL based intraday investigation of magnet effect [J]. Journal of Behavioral and Experimental Finance, 2018, 20: 1-8.

[98] Steven Shuye Wang, Kuan Xu, Hao Zhang. A microstructure study of circuit breakers in the Chinese stock markets [J]. Pacific-Basin Finance Journal, 2019, 57: 101174.

[99] Zhihong Jian, Zhican Zhu, Jie Zhou, et al. Intraday price jumps, market liquidity, and the magnet effect of circuit breakers [J]. International Review of Economics & Finance, 2020, 70: 168-186.

[100] Kin Ming Wong, Xiao Wei Kong, Min Li. The magnet effect of circuit breakers and its interactions with price limits [J]. Pacific-Basin Finance Journal, 2020, 61: 101325.

[101] Marcelle Arak, Richard E Cook. Do daily price limits act as magnets? The case of treasury bond futures [J]. Journal of Financial Services Research, 1997, 12 (1): 5-20.

[102] Henk Berkman, Onno W Steenbeek. The influence of daily price limits on

trading in Nikkei futures [J]. Journal of Futures Markets, 1998, 18 (3): 265-279.

[103] Anthony D Hall, Paul Kofman. Limits to linear price behavior: Futures prices regulated by limits [J]. Journal of Futures Markets: Futures, Options, and Other Derivative Products, 2001, 21 (5): 463-488.

[104] Licheng Feng. The effects of re-imposing a 10% price limit on the Chinese Stock Markets [J]. Asia Pacific Journal of Economics & Business, 2002, 3 (1): 1-32.

[105] Halim Dabbou. Evaluating the widening of price limits: Evidence from Tunisian stock exchange [J]. Journal of Business Studies Quarterly, 2013, 4 (3): 140-159.

[106] Yu-Lei Wan, Wen-Jie Xie, Gao-Feng Gu, et al. Statistical properties and pre-hit dynamics of price limit hits in the Chinese stock markets [J]. PLoS One, 2015, 10 (4): e0120312.

[107] Seza Danisoglu, Z Nuray Güner. Do price limits help control stock price volatility? [J]. Annals of Operations Research, 2018, 260 (1): 129-157.

[108] Xiangchao Hao. The magnet effect of market-wide circuit breaker: Evidence from the Chinese stock market [J]. Available at SSRN 2859540, 2016.

[109] Yu-Lei Wan, Gang-Jin Wang, Zhi-Qiang Jiang, et al. The cooling-off effect of price limits in the Chinese stock markets [J]. Physica A: Statistical Mechanics and its Applications, 2018, 505: 153-163.

[110] Kun Li. Do Circuit Breakers Impede Trading Behavior? A Study In Chinese Financial Market [J]. The Singapore Economic Review, 2019, 64 (5): 1-18.

[111] Min-Tsung Cheng, Yeong-Jia Goo. The application of an intervention model to the Taiwan stock exchange price limits policy [J]. Applied Financial Economics Letters, 2006, 2 (1): 31-36.

[112] Ming-Chang Wang, Yu-Jia Ding, Pei-Han Hsin. Order Aggressiveness

and the heating and cooling-off effects of price limits: Evidence from Taiwan Stock Exchange [J]. Journal of Economics and Management, 2018, 14 (2): 191-216.

[113] David Leinweber. Fintech Codgers look back 25 years [J]. The Journal of Investing, 2017, 26 (1): 33-45.

[114] Paresh Kumar Narayan, Dinh Hoang Bach Phan, Guangqiang Liu. COVID-19 lockdowns, stimulus packages, travel bans, and stock returns [J]. Finance Research Letters, 2021, 38: 101732.

[115] Mieszko Mazur, Man Dang, Miguel Vega. COVID-19 and the march 2020 stock market crash. Evidence from S&P 1500 [J]. Finance Research Letters, 2021, 38: 101690.

[116] Abootaleb Shirvani. Stock returns and roughness extreme variations: A new model for monitoring 2008 market crash and 2015 flash crash [J]. Applied Economics and Finance, 2020, 7 (3): 78-95.

[117] Nuno Fernandes. Economic effects of coronavirus outbreak (COVID-19) on the world economy [J]. Available at SSRN 3557504, 2020.

[118] Wei Zhou, Wanying Rao, Shuai Lu. Market stability analysis after the circuit breaker for the CSI 300 energy index [J]. Finance Research Letters, 2020, 34: 101348.

[119] Yongdeng Xu, Nick Taylor, Wenna Lu. Illiquidity and volatility spillover effects in equity markets during and after the global financial crisis: An MEM approach [J]. International Review of Financial Analysis, 2018, 56: 208-220.

[120] Lorne N Switzer, Nabil El Meslmani, Cagdas Tahaoglu. Do single-stock circuit breakers provide a safety net for Canadian investors? [J]. Canadian Journal of Administrative Sciences, 2020, 38 (1): 92-111.

[121] 祝涛. 价格稳定机制对中国股票市场影响的研究 [D]. 天津大

学，2014.

[122] Robert J Shiller. Investor behavior in the October 1987 stock market crash: Survey evidence [J]. NBER Working Paper, 1987 (w2446).

[123] Michael A Goldstein, Joan E Evans, James M Mahoney. Circuit breakers, volatility, and the US equity markets: Evidence from NYSE Rule 80A [C]. Proceedings of Presented Paper in 1998 FMA Meetings, 1998.

[124] Michael A Goldstein. Circuit breakers, trading collars, and volatility transmission across markets: Evidence from NYSE Rule 80A [J]. Financial Review, 2015, 50 (3): 459-479.

[125] Zeguang Li, Keqiang Hou, Chao Zhang. The impacts of circuit breakers on China's stock market [J]. Pacific-Basin Finance Journal, 2020, 101343.

[126] Shigeto Kobayashi, Takashi Hashimoto. Analysis of institutional evolution in circuit breakers using the concepts of replicator and interactor [J]. Evolutionary and Institutional Economics Review, 2010, 7 (1): 101-111.

[127] Stefano Giglio, Matteo Maggiori, Johannes Stroebel, et al. Inside the mind of a stock market crash [R]. Technical report, National Bureau of Economic Research, 2020.

[128] Avanidhar Subrahmanyam. The exante effects of trade halting rules on informed trading strategies and market liquidity [J]. Review of Financial Economics, 1997, 6 (1): 1-14.

[129] Lucy F Ackert, Bryan Church, Narayanan Jayaraman. An experimental study of circuit breakers: The effects of mandated market closures and temporary halts on market behavior [J]. Journal of Financial Markets, 2001, 4 (2): 185-208.

[130] Merton H Miller. Commentary: Volatility, price resolution, and the effectiveness of price limits [C]. Proceedings of Regulatory Reform of Stock and Futures

Markets. Springer, 1989: 103-105.

[131] Mason S Gerety, J Harold Mulherin. Trading halts and market activity: An analysis of volume at the open and the close [J]. The Journal of Finance, 1992, 47 (5): 1765-1784.

[132] Carl Chairella, Roberto Dieci, Laura Gardini. Asset price dynamics in a financial market with fundamentalists and chartists [J]. Discrete Dynamics in Nature and Society, 2001, 6 (2): 69-99.

[133] Carl Chiarella, Xue-Zhong He, Duo Wang, et al. The stochastic bifurcation behaviour of speculative financial markets [J]. Physica A: Statistical Mechanics and its Applications, 2008, 387 (15): 3837-3846.

[134] Sandrine Jacob Leal. Fundamentalists, chartists and asset pricing anomalies [J]. Quantitative Finance, 2015, 15 (11): 1837-1850.

[135] Carl Chiarella, Xue-Zhong He, Paolo Pellizzari. A dynamic analysis of the microstructure of moving average rules in a double auction market [J]. Macroeconomic Dynamics, 2012, 16 (4): 556-575.

[136] Jie-Jun Tseng, Chih-Hao Lin, Chih-Ting Lin, et al. Statistical properties of agent-based models in markets with continuous double auction mechanism [J]. Physica A: Statistical Mechanics and its Applications, 2010, 389 (8): 1699-1707.

[137] Frank Westerhoff. Speculative markets and the effectiveness of price limits [J]. Journal of Economic Dynamics and Control, 2003, 28 (3): 493-508.

[138] Chia-Hsuan Yeh, Chun-Yi Yang. Examining the effectiveness of price limits in an artificial stock market [J]. Journal of Economic Dynamics and Control, 2010, 34 (10): 2089-2108.

[139] Benton F Massell. Price stabilization and welfare [J]. The Quarterly Jour-

nal of Economics, 1969, 83 (2): 284-298.

[140] Stephen J Turnovsky. Price expectations and the welfare gains from price stabilization [J]. American Journal of Agricultural Economics, 1974, 56 (4): 706-716.

[141] Dongwei Su, Belton M Fleisher. Risk, return and regulation in Chinese stock markets [J]. Journal of Economics and Business, 1998, 50 (3): 239-256.

[142] Rajen Mookerjee, Qiao Yu. Seasonality in returns on the Chinese stock markets: The case of Shanghai and Shenzhen [J]. Global Finance Journal, 1999a, 10 (1): 93-105.

[143] Rajen Mookerjee, Qiao Yu. An empirical analysis of the equity markets in China [J]. Review of Financial Economics, 1999b, 8 (1): 41-60.

[144] Cornelis A Los, Bing Yu. Persistence characteristics of the Chinese stock markets [J]. International Review of Financial Analysis, 2008, 17 (1): 64-82.

[145] Frank H Westerhoff. Technical analysis based on price-volume signals and the power of trading breaks [J]. International Journal of Theoretical and Applied Finance, 2006, 9 (2): 227-244.

[146] Chia-Hsuan Yeh, Chun-Yi Yang. Do price limits hurt the market? [J]. Journal of Economic Interaction and Coordination, 2013, 8 (1): 125-153.

[147] Xiaotao Zhang, Jing Ping, Tao Zhu, et al. Are price limits effective? An examination of an artificial stock market [J]. PLoS One, 2016, 11 (8): e0160406.

[148] Abdullah M Al-Awadhi, Khaled Alsaifi, Ahmad Al-Awadhi, et al. Death and contagious infectious diseases: Impact of the COVID-19 virus on stock market returns [J]. Journal of Behavioral and Experimental Finance, 2020, 27:100326.

[149] Karamat Khan, Huawei ZHAO, Han Zhang, et al. The impact of COVID-19 pandemic on stock markets: An empirical analysis of world major stock indices

[J]. The Journal of Asian Finance, Economics, and Business, 2020, 7 (7): 463-474.

[150] David Iheke Okorie, Boqiang Lin. Stock markets and the COVID-19 fractal contagion effects [J]. Finance Research Letters, 2021, 38: 101640.

[151] Rui Albuquerque, Yrjo Koskinen, Shuai Yang, et al. Resiliency of environmental and social stocks: An analysis of the exogenous COVID-19 market crash [J]. The Review of Corporate Finance Studies, 2020, 9 (3): 593-621.

[152] Adam Tooze. Is the coronavirus crash worse than the 2008 financial crisis [J]. Foreign Policy, 2020, 18.

[153] DJ Lynch. Fears of corporate debt bomb grow as coronavirus outbreak worsens [Z]. 2020.

[154] Richard Partington, Graeme Wearden. Global stock markets post biggest falls since 2008 financial crisis [J]. The Guardian. ISSN, 2020, 0261-3077.

[155] Ruiqiang Song, Min Shu, Wei Zhu. The 2020 Global Stock Market Crash: Endogenous or Exogenous? [J]. arXiv preprint arXiv: 2101, 00327, 2021.

[156] Anders Johansen, Didier Sornette, Olivier Ledoit. Predicting financial crashes using discrete scale invariance [J]. arXiv preprint cond-mat/9903321, 1999.

[157] Didier Sornette, Anders Johansen. Significance of log-periodic precursors to financial crashes [J]. Quantitative Finance, 2001, 1: 452-471.

[158] Ting Zhang, Honggang Li. Buying on margin, selling short in an agent-based market model [J]. Physica A: Statistical Mechanics and its Applications, 2013, 392 (18): 4075-4082.

[159] Xuan Zhou, Honggang Li. Buying on margin and short selling in an artificial double auction market [J]. 54 (4): 1473-1489.

[160] Helen Allen, Mark P Taylor. Charts, noise and fundamentals in the Lon-

don foreign exchange market [J]. Economic Journal, 1990, 100 (400): 49-59.

[161] Mark P Taylor, Helen Allen. The use of technical analysis in the foreign exchange market [J]. Journal of International Money and Finance, 1992, 11 (3): 304-314.

[162] Thomas Lux. Herd behaviour, bubbles and crashes [J]. Economic Journal, 1995, 105 (431): 881-896.

[163] Sushil Bikhchandani, Sunil Sharma. Herd behavior in financial markets [J]. IMF Staff Papers, 2000, 47 (3): 279-310.